Patricia Lepic

Les Écrivains aux fourneaux

Leurs recettes préférées

Albin Michel

Ouvrage publié sous la direction de Laure Paoli

Table des recettes

ENTRÉES ET SAUCES

VIANDES

POISSONS

PÂTES ET RIZ

LÉGUMES

DESSERTS

Mot de l'auteur

Une bonne recette, c'est déjà toute une histoire...

Ce livre de recettes s'adresse à tous les goûts : culinaires comme littéraires. Ces recettes sont aussi variées que le sont dans leur style, les romanciers, essayistes, historiens ou poètes qui me les ont racontées. Certaines sont classiques ; d'autres lunaires et créatives. Certaines résonnent un peu comme un héritage maternel, le souvenir d'un certain goût de l'enfance ; d'autres portent l'empreinte de l'écrivain ; toutes sont expliquées avec beaucoup d'amour et de précision. Précision, comme celle de la température du four pour cuire ces mets. À la question : « ... et j'allume le four à quelle température ? », presque invariablement la réponse fut : « thermostat 7 ». Thermostat 7, comme une évidence. Une sorte de chiffre magique de cuisson. Je me suis prise à imaginer qu'il s'agissait encore d'un code d'écrivain, un lien secret qui les unissait tous entre eux, même aux fourneaux !

Une chose est sûre : si votre four possède un thermostat, en le mettant sur 7, la recette sera déjà presque réussie.

Je pourrais vous raconter presque autant d'anecdotes qu'il y a d'auteurs dans ce livre. De savoureuses histoires qui font sourire et donnent faim, mais je préfère simplement me taire et vous livrer *la recette préférée* de vos écrivains préférés. Les écrivains, qui sont parfois connus pour leur penchant pour le bon vin, sont moins célèbres pour leur maîtrise des fourneaux. Et pourtant, ils reconnaissent tous que devant l'entreprise solitaire de l'écriture, partager un bon plat avec des amis est souvent une nécessité pour éviter l'isolement.

Toutes ces recettes ont été retranscrites exactement comme elles m'ont été racontées. Écrire ce livre fut un privilège et un plaisir. Je le dédie donc avec respect, admiration et gratitude aux auteurs qui m'ont fait confiance.

Ce livre s'adresse enfin à tous ceux qui aiment croire aux histoires. Toutes les recettes livrées ici en ont une. Une histoire un peu magique. Une sorte de secret d'écrivain à garder pour soi…

PATRICIA LEPIC

À Adrien et Clémence,
deux marmitons exceptionnels

Eliette Abécassis

Après de brillantes études à l'École normale supérieure où elle obtient l'agrégation de philosophie, Eliette Abécassis publie son premier roman *Qumran* en 1996. Ce livre connaît un succès immense ; il est d'ailleurs traduit aujourd'hui dans dix-huit langues. En 2002, son roman *Mon père* est sélectionné pour le prix Goncourt et le prix Femina.

Tartare de saumon
à la pomme verte et à l'aneth

Pour 6 personnes

1 filet de saumon d'1,2 kg

1 pomme verte, 2 citrons (jus)

1 oignon

5 brins d'aneth frais

20 g de câpres au vinaigre

4 cuil. à soupe d'huile d'olive

1 pincée de gingembre en poudre

1 cuil. à café de fleur de sel

Poivre du moulin

• Demandez à votre poissonnier de couper le poisson en gros dés.
• Préparez une sauce avec l'huile d'olive, la fleur de sel, un peu de poivre, le gingembre, l'oignon émincé, l'aneth ciselé, les câpres égouttées et la pomme verte coupée en cubes.

• Mettez le poisson à mariner au moins 2 h dans cette sauce, au frais.
• 10 min avant de servir, ajoutez le jus des citrons et mélangez.
• Vous pouvez présenter ce tartare sur des rondelles de pommes ou l'accompagner de blinis à la farine de châtaigne.

Je tiens cette recette de ma belle-mère Olga. Parmi les nombreuses recettes qu'elle m'a fait découvrir, celle-ci est une de mes préférées.

Œuvres principales : *Qumran* (1996), *L'Or et la Cendre* (1997), *La Répudiée* (2000), *Mon père* (2002), *Clandestin* (2003), *La Dernière tribu* (2004).

Juliette Benzoni

Juliette Benzoni est née à Saint-Germain-des-Prés. Pendant les premières années de son mariage avec un médecin de Dijon, elle passe des heures dans les bibliothèques à étudier l'histoire de la Bourgogne au Moyen Âge. Elle y découvre la légende de l'ordre de la Toison d'Or qui donnera bientôt naissance à la célèbre série des *Catherine*. *Il suffit d'un amour*, le premier de cette série est son premier roman historique. Depuis, Juliette Benzoni n'a pas cessé d'écrire. Son succès a été fulgurant et ses lecteurs se comptent aujourd'hui par millions.

L'onglet à l'échalote

Pour 4 personnes

4 onglets

4 échalotes

125 g de beurre

1/2 bouteille de bon vin rouge (cahors)

Sel, poivre

• Coupez les échalotes finement et mettez-les dans une casserole avec le vin rouge, du sel et du poivre. Faites réduire d'un tiers.

• Faites ensuite poêler les onglets 3 min de chaque côté et réservez-les au chaud entre deux assiettes, par exemple.

• Déglacez la poêle avec la sauce à l'échalote. Remettez les onglets dans la poêle et ajoutez le beurre. Émulsionnez la sauce.

• Servez aussitôt avec des petites pommes de terre de Noirmoutier.

Je sais que cela peut sembler être une « fausse recette ». Il s'agit d'un de mes plats préférés, parfois même un peu oublié au profit de plats plus compliqués.

Buvez avec ce plat simple mais très efficace le même vin que pour la recette.

Œuvres principales : *Il suffit d'un amour* (1963), *Belle Catherine* (1966), *Seigneurs de la nuit* (1978), *Elles ont aimé* (1978), *Tragédies impériales* (1980), *Dans le lit des rois* (1983), *Dans le lit des Reines* (1984), *Cent ans de vie de château* (1992), *La Rose d'York* (1995), *L'Opale de Sissi* (1996), *Les Émeraudes du prophète* (1999), *Thibault ou la croix perdue* (2002), *Le Gerfaut* (2003), *Les Joyaux de la sorcière* (2004).

Yves Berger

Yves Berger est né en Avignon. Après avoir enseigné dans différents lycées de la région parisienne, il entre en 1980 aux éditions Bernard Grasset, dont il est jusqu'en 2003 le directeur littéraire. Son premier roman *Le Sud* reçoit le prix Femina. Depuis novembre 2003, Yves Berger est président du Conseil Supérieur de la langue française.

Le pot-au-feu

Pour 6 personnes

500 g de gîte de bœuf à la noix
250 g de plat de côtes
1 kg d'os à moelle
5 carottes
2 navets
3 poireaux
1 petite branche de céleri
1 oignon
1 gousse d'ail
1 bouquet de persil plat
1 brin de thym
1 feuille de laurier
2 clous de girofle
Sel, poivre

• Dans une grande marmite, faites bouillir les os avec 3 litres d'eau.
• Au bout de 1 h, ajoutez la viande coupée en morceaux, le céleri, le

persil, l'oignon piqué des clous de girofle, l'ail, le thym, le laurier. Salez et poivrez.
• Laissez frémir pendant 1 h 30 à petit feu.
• Ajoutez alors les légumes (carottes pelées, navets, poireaux) et faites reprendre l'ébullition pendant 1 h.
• Servez aussitôt accompagné de moutarde.

Cette façon de procéder laisse à la viande tout son goût et sa saveur. Le bouillon est moins corsé. Par contre, si l'on veut obtenir un bouillon pour faire du consommé, il faut mettre la viande dans l'eau froide.

C'est assez classique, peut-être un peu « old fashion » comme disent les Américains, mais sincèrement j'adore le pot-au-feu. Et vous ne trouverez cette recette nulle part ailleurs qu'en France.

Œuvres principales : *Le Sud* (1967), *Les Matins du Nouveau Monde* (1987), *La Pierre et le saguaro* (1990), *L'Attrapeur d'ombres* (1992), *Immobile dans le courant du fleuve* (1994), *Le Monde après la pluie* (1998), *Santa Fé* (2000), *Les Indiens des plaines* (2001), *Dictionnaire amoureux de l'Amérique* (prix Renaudot de l'essai 2003).

Philippe Besson

Philippe Besson est né à Barbezieux-Saint-Hilaire, en Charente. Il passe son enfance dans un village de cent soixante habitants, au-dessus d'une école de campagne. Il se lance dans l'écriture en 1999 avec *En l'absence des hommes* et reçoit le prix Emmanuel-Roblès, décerné par l'académie Goncourt. Très peu de temps après, il écrira *Son frère* que Patrice Chéreau portera à l'écran.

La paella

Pour 4 personnes

350 g de riz
4 cuisses de poulet
1/2 chorizo fort
100 g de haricots verts
100 g de petits pois frais
1 poivron vert
1 oignon
1 sachet d'épices Paellero
1 cube de bouillon de volaille
Un peu d'huile d'olive
Sel

• Faites revenir les cuisses de poulet et l'oignon coupé en morceaux dans une poêle huilée pendant 15 min, à feu moyen.
• Ajoutez le poivron coupé en demi-rondelles.

• Faites chauffer 75 cl d'eau dans un plat à paella, avec le sachet d'épices et le cube de bouillon. Salez.
• À ébullition, jetez-y le riz et faites-le cuire jusqu'à absorption presque totale du liquide.
• Ajoutez dans le plat à paella les cuisses de poulet, l'oignon, le poivron, les haricots verts, les petits pois et le chorizo coupé en rondelles.
• Laissez mijoter encore 5 min. Mélangez doucement. C'est prêt.
• Vous pouvez ajouter un peu de jus de citron avant de servir.

La recette de la paella me ramène irrésistiblement à ma mère. Elle avait un don pour la réussir, elle donnait l'impression de faire ça sans effort alors que c'est un plat non pas compliqué mais qui demande du temps, de l'application, le talent pour choisir les bons ingrédients, le sens du dosage, celui du mélange. Enfant, ça m'émerveillait. Ça m'est resté.

Œuvres principales : *En l'absence des hommes* (2001), *Son frère* (2001), *L'Arrière-Saison* (2002), *Un garçon d'Italie* (2003), *Les Jours fragiles* (2004).

Janine Boissard

Janine Boissard est née et a fait ses études à Paris. Alors qu'elle n'a que vingt-deux ans, son premier roman *Driss* paraît chez René Julliard. Elle devient ensuite la première femme à écrire pour la fameuse « Série Noire » chez Gallimard avec *B comme Baptiste* sous le nom de Janine Oriano. En 1977, elle publie la célèbre saga *L'Esprit de famille* dont elle adaptera elle-même les quatre premiers tomes pour TF1. En 1996, le roman *Une Femme en blanc* rencontre un très gros succès en librairie avant d'être interprété par Sandrine Bonnaire pour France 2. Décorée des palmes académiques pour son action auprès de la jeunesse, elle vit de sa plume depuis trente ans.

Le chou rouge de Bonne-Maman

Pour 6 personnes

1 chou rouge

10 pommes de terre moyennes

4 gros oignons

300 g de lardons

1 cuil. à soupe d'huile

2 verres de vinaigre de vin

Sel, poivre

• Faites revenir à feu doux dans une cocotte les lardons et les oignons coupés en lamelles dans l'huile.

• Quand ils sont tous deux bien dorés, ajoutez le chou rouge taillé en lanières et le vinaigre de vin. Le vinaigre est très important pour cette recette. Salez, poivrez.

• Au bout de 30 min de cuisson, complétez avec les pommes de terre coupées en quartiers.
• Laissez encore cuire 1 h 30 à feu mollet, en couvrant.
• Servez aussitôt mais réchauffé, c'est encore meilleur.

C'est une recette que vous ne trouverez dans aucun manuel, l'une de celles qui se transmettent de mère en fille, de cuisinière à cuisinière. Elle est toute simple, facile à faire et peu coûteuse. Nous dégustions ce plat chez ma grand-mère, en son château de Belair, dans les Ardennes. Si l'on comptait oncles, tantes, cousins et cousines, plus mes grands-parents, nous étions une bonne cinquantaine à honorer les repas.

Il y avait deux services. Le premier pour les petits, avec leurs gouvernantes, le second pour les grands de plus de dix ans, pris avec les adultes. Robe obligatoire pour les filles, cravate pour les garçons.

Lorsque filtrait de la cuisine l'odeur de choux et de lardons, c'était la fête pour tous.

Le château de Belair est devenu, paraît-il, une maison pour enfants. C'est bien ! À mon avis ses murs doivent encore fleurer bon la recette de Bonne-Maman.

Œuvres principales : *L'Esprit de famille* (1979), suivi de cinq autres tomes, *Rendez-vous avec mon fils* (1982), *Une femme réconciliée* (1988), *L'Amour, Béatrice* (1990), *Vous verrez, vous m'aimerez* (1988), *Belle-grand-mère* (1995), *Bébé couple* (1996), *Priez pour petit Paul* (2001), *Recherche grand-mère désespérément* (2002), *Allo Babou, viens vite* (2004).

Jean-Jacques Brochier

Jean-Jacques Brochier est l'auteur de nombreux romans et essais polémiques. Son pamphlet *Albert Camus, philosophe pour classes terminales* épuisé depuis vingt ans vient d'être réédité aux éditions La Différence. Rédacteur en chef du *Magazine Littéraire* pendant près de trente ans, Jean-Jacques Brochier tient aujourd'hui une chronique pour le magazine *Lire*.

Côtelettes de chevreuil aux girolles et aux fruits secs

Pour 4 personnes

8 côtelettes de chevreuil
500 g de girolles
16 pruneaux
16 abricots secs
110 g de beurre
1 cuil. à café de sucre en poudre
10 cl de vinaigre de vin vieux
10 cl de bouillon de volaille
1 cuil. à soupe de feuilles de thé
Sel, poivre

• Faites infuser le thé dans 25 cl d'eau bouillante, filtrez et faites-y tremper les abricots et les pruneaux, le thé étant encore brûlant.
• Nettoyez les girolles à l'aide d'un chiffon humide et faites-les cuire dans 40 g de beurre, avec du sel et du poivre, pendant 15 min, à feu vif.

• Dans une poêle, faites chauffer 40 g de beurre et faites-y revenir les côtelettes des 2 côtés. Puis gardez-les au chaud entre deux assiettes.
• Jetez l'excès de graisse qui se trouve dans la poêle et mettez le sucre en poudre à caraméliser. Ajouter le vinaigre en raclant bien le fond de la poêle. Lorsque le vinaigre a réduit de moitié, versez le thé et les fruits secs. Laissez réduire à nouveau 5 min.
• Avant de servir, retirez les fruits avec une écumoire et placez-les autour des côtelettes, ainsi que les girolles.
• Ajoutez dans la sauce les 30 g de beurre restant en mélangeant bien.
• Versez sur la viande et servez aussitôt.

Bon, je suis un chasseur. Un chasseur qui adore manger ce qu'il chasse. Alors des recettes de gibier j'en connais et en ai essayé suffisamment pour leur avoir consacré un livre de cuisine. Cette recette est une recette très ancienne. Elle n'a même pas été adaptée depuis. Essayez-la, vous serez convaincu que le gibier n'est pas une viande difficile à préparer et à manger.

Œuvres principales : *Un cauchemar* (1984), *Le Gibier et sa Cuisine* (1987), *Pour Sartre* (1995), *Albert Camus philosophe pour classes terminales* (rééd. 2000), *Danger* (2002), *Un jeune homme bien élevé* (2002).

Pascal Bruckner

Diplômé d'une maîtrise de philosophie et d'un doctorat de Lettres, Pascal Bruckner intervient à l'université de San Diego en Californie et à la *New York University*. De 1990 à 1994, il occupe un poste de maître de conférence à l'Institut d'études politiques de Paris. Romancier et essayiste, son livre *La Prospérité de l'innocence* obtient le prix Médicis de l'essai en 1995 et *Les Voleurs de beauté* le prix Renaudot 1997. Pascal Bruckner collabore également au *Nouvel Observateur*.

Coquelets aux pommes de terre
et à l'estragon

Pour 4 personnes

4 coquelets
500 g de petites pommes de terre
4 brins d'estragon
4 cuil. à soupe d'huile d'olive
30 g de beurre
Sel

• Préchauffez votre four à 210 °C (th. 7).
• Dans un plat allant au four, déposez les coquelets farcis à l'estragon, ajoutez le beurre en morceaux et l'huile d'olive.
• Entourez les coquelets des pommes de terre crues épluchées, coupées en cubes. Salez.
• Mettez le plat à cuire pendant 45 min. Éteignez le four et laissez encore au chaud pendant 15 min.

Vous obtenez une parfaite imprégnation du mélange de la volaille et des féculents qui ont cuit ensemble. Les enfants adorent. Surtout, servez dans le plat de cuisson, et n'oubliez pas de bien gratter le fond du plat, c'est délicieux.

Je vous recommande vivement un vin rouge du pays d'Oc pour accompagner cette recette et plus précisément le vin du domaine des Yeuses, Vous allez voir.

Œuvres principales : *Le Nouveau désordre amoureux* (1977), *Lunes de fiel* (1981, adapté au cinéma par Roman Polanski), *Parias* (1985), *Le Sanglot de l'homme blanc* (1986), *Le Palais des claques* (1986), *Le Divin Enfant* (1992), *La Tentation de l'innocence* (1995), *Les Voleurs de beauté* (1997, prix Renaudot), *L'Euphorie perpétuelle* (2000), *Misère de la prospérité* (2002), *Au secours, le Père Noël revient* (2003).

Claire Castillon

En septembre 2000, Claire Castillon fait son entrée en littérature avec *Le Grenier*. Son premier roman retient l'attention des critiques et séduit un large public. Depuis, Claire Castillon a signé trois autres romans et une pièce de théâtre, *La Poupée qui tousse*, qui a été adaptée par la compagnie Kaleido.

La crème caramel renversée

Pour 6 à 8 personnes

Pour le caramel :

8 morceaux de sucre

Pour la crème :

8 œufs

1 litre de lait entier

300 g de sucre en poudre

1 gousse de vanille

1 pincée de sel

- Commencez par allumer le four à 120 °C (th. 4).
- Préparez un bain-marie en versant de l'eau dans un grand plat et en le posant dans le four ou en remplissant directement d'eau la lèchefrite.
- Dans une casserole que vous pouvez choisir munie d'un manche amovible, vous allez vite comprendre pourquoi, faites fondre les morceaux de sucre dans de l'eau, à feu moyen.

• Quand le sucre devient blond foncé, retirez la casserole du feu et faites-la tourner, afin que le caramel en nappe bien toutes les parois. Puis mettez la casserole de côté.
• Battez les œufs entiers. Réservez.
• Dans une autre casserole, sur feu vif, versez le lait, le sucre en poudre, la gousse de vanille et le sel.
• Quand ce mélange arrive à ébullition, incorporez très doucement les œufs battus, sans cesser de remuer.
• Versez le mélange obtenu dans la casserole du caramel, dont vous aurez ôté le manche amovible. Mais versez à travers une passoire afin d'éviter tout grumeau.
• Mettez la casserole au four, dans l'eau du bain-marie, pendant 50 min en surveillant que ni la crème ni l'eau du bain-marie ne se mettent à bouillir. La recette serait ratée.
• Quand la crème semble saisie, sortez-la du four et laissez-la refroidir.
• Une fois la crème refroidie, vous pouvez la démouler dans un plat creux pour éviter que le caramel ne déborde.

Je prépare souvent cette crème la veille, je la place au réfrigérateur pendant la nuit, je la démoule ainsi plus facilement le lendemain.

Œuvres principales : *Le Grenier* (2000), *Je prends racine* (2001), *La Reine Claude* (2002), *Pourquoi tu m'aimes pas ?* (2003), *Vous parler d'elle* (2004).

Patrick Cauvin

Claude Klotz, qui se cache derrière le nom de Patrick Cauvin, est né à Marseille. Après des études de philosophie, il a enseigné jusqu'en 1976. Aujourd'hui il vit à Paris et, à son activité de romancier, s'ajoute celle de critique de cinéma. Plusieurs livres de l'écrivain ont été portés à l'écran.

L'aïoli

Pour 6 personnes
1 tête d'ail
2 jaunes d'œufs
50 cl d'huile d'olive
Sel, poivre

• Mettez les gousses d'ail épluchées dans un récipient en buis (c'est très important), et pilez-le avec un pilon également en buis (indispensable). Versez l'huile peu à peu, tout en remuant. Vous allez obtenir une pommade. Salez, poivrez.
C'est cela le véritable aïoli que me faisait ma grand-mère.
• Maintenant nous allons faire cuire à la vapeur les légumes suivants, séparément : des carottes, des artichauts poivrades, des poireaux, des pommes de terre, des courgettes et des topinambours.
• Tous les légumes sont prêts. Il ne reste plus qu'à faire cuire un morceau de morue, également à la vapeur.

Le meilleur moment : dans un grand plat vous allez placer le poisson au centre et tous les légumes autour, dans un bol vous aurez mis la belle pommade d'aïoli.

Chacun pourra ainsi accompagner le poisson et les légumes d'autant d'aïoli qu'il le souhaite.

Une véritable merveille !

Œuvres principales : *L'Amour aveugle* (1974), *E=MC², mon amour* (1977), *Pourquoi pas nous ?* (1978), *Pythagore, je t'adore* (1999), *Torrentera : l'homme qui mourut deux fois* (2000), *La Reine du monde* (2001), *Le Sang des roses* (2002), *Jardin fatal* (2003), *Le Silence de Clara* (2004).

François Cavanna

Journaliste et écrivain satirique, François Cavanna participa en 1960 à la création de *Hara Kiri* qui devint *Charlie Hebdo* en 1970. Son langage satirique l'a rendu célèbre dès ses premiers romans, qui sont bien souvent autobiographiques : *Les Ritals*, *les Russkoffs*, *Bête et méchant*... Aujourd'hui, son activité de journaliste a cédé le pas à une production littéraire abondante et variée : autobiographies, essais, romans, chroniques, livres d'humour.

Les nouilles Cavanna

Pour 4 personnes
500 g de tagliatelles
150 g de gruyère râpé
3 cuil. à café d'huile d'olive
Poivre du moulin

• Commencez donc par faire cuire vos « nouilles » dans de l'eau légèrement salée.
• Vous versez ensuite un peu d'huile d'olive dans le fond du plat de service avant d'y mettre les tagliatelles égouttées.
• Vous ajoutez enfin le gruyère râpé et du poivre, et vous mélangez. C'est inouï.

Je ne cuisine pas. Mais j'adore les nouilles, j'appelle « nouilles » en réalité les tagliatelles, pas les spaghettis, ni toutes autres sortes de pâtes torsadées. Mais nous sommes en France alors je dis « nouilles ». Je les accompagne de toutes les sauces possibles : bolognaise, tomate-basilic, pistou, etc. Je les aime toutes. Ma préférence va pour des tagliatelles bien cuites et non *al dente*.

Les Italiens vont crier au scandale avec cette recette au gruyère, n'en parlez pas trop...
Mangez vite ces pâtes, c'est mieux.

Œuvres principales : *Les Ruskoffs* (1979), *La Grande encyclopédie bête et méchante* (1981), *Les Aventures de Napoléon* (1988), *Lettre ouverte aux culs-bénis* (1994), *Les Pensées* (1994), *Cœur d'artichaut* (1995), *La Hache et la Croix* (1999), *Le Dieu de Clotilde* (2000), *Le Sang de Clovis* (2001), *Le Pari de vivre* (2001), *Mignonne, allons voir si la rose* (2001), *Les Reines rouges* (2002), *Au fond du jardin* (2002), *Sur les murs de la classe* (2003), *Louis Teicher : peintre* (2003), *L'Adieu aux reines* (2004).

François Cérésa

François Cérésa est critique littéraire au *Figaro* et écrivain. Il est l'auteur d'une dizaine d'ouvrages qui lui ont valu plusieurs prix littéraires (prix Léautaud, prix Jean Freustié, prix Joseph Delteil).

Filets de rougets rôtis sur la peau à la vinaigrette de ketchup

Pour 4 personnes

4 rougets de taille moyenne
4 feuilles de basilic
1 cuil. à soupe de ketchup
1 cuil. à soupe de vinaigre balsamique
Huile d'olive
Sel, poivre

• Faites lever les filets par votre poissonnier. Demandez-lui de garder les foies. Chez vous, écaillez les filets et surtout enlevez bien toutes les arêtes. Rincez-les, puis séchez bien la peau avec du papier absorbant.
• Dans un bol mettez le ketchup, le vinaigre balsamique, et montez avec de l'huile d'olive. On obtient ainsi une émulsion. Je vous conseille alors d'ajouter les foies des rougets que vous aurez hachés à la fourchette.
• Ciselez le basilic très finement et ajoutez-le à la sauce. Rectifiez l'assaisonnement avec du sel et du poivre.
• Déposez 1 cuil. à soupe de cette émulsion au centre de chaque assiette.
• Faites chauffer la poêle sur feu vif, versez-y 2 cuil. à soupe d'huile d'olive. Quand l'huile est bien chaude, déposez-y les filets de rougets,

côté peau dessous, et faites cuire 3 à 4 min. La cuisson est à l'unilatéral, vous retirerez donc les rougets quand la peau est croustillante.

• Déposez enfin les filets sur la sauce. C'est un régal.

Parce que c'est vous, je vais vous donner une variante de cette recette toute simple mais tellement délicate :

Filets de rougets croustillants à la sauce aux huîtres

• Alors *idem* pour la préparation et la cuisson des rougets.

• Pour la sauce : prenez des huîtres Gillardeau n° 3 (des spéciales), passez-les au mixeur (enfin, la chair sans l'eau), ajoutez 1 cuil. à soupe de crème fraîche. Poivrez.

• Nappez le centre des assiettes de cette sauce, déposez les filets de rougets au centre, et mangez vite pendant que c'est chaud.

J'adore faire la cuisine. Ces deux recettes sont des recettes de poisson qui vont vous faire découvrir des goûts nouveaux. Le rouget est un poisson que certains n'aiment pas, uniquement à cause des arêtes mais, bien préparé, vous serez réconcilié avec ce poisson à la chair si délicate et tellement parfumée. Cette recette est toujours très appréciée. Je vous livre ici deux précieux secrets, mais respectez bien la méthode et gardez cette recette pour vous...

Œuvres principales : *Mykerinos* (1996), *Des naves dans le potage* (1997), *Les Amis de Céleste* (1998), *Les Trois hussards* (1999), *Cosette ou le temps des illusions* (2001), *Marius ou Le fugitif* (2001), *Moume* (2002), *Tant qu'il y aura du rhum* (2003), *Fière Éléonore* (2004).

Patrick Chamoiseau

Patrick Chamoiseau est né à Fort-de-France en Martinique, où il habite aujourd'hui. Il a fait ses études de droits à Paris. Il est l'auteur d'un travail historique sur les Antilles sous Napoléon. Son roman *Texaco* reçoit le prix Goncourt en 1992.

Dombrés, haricots rouges et queues

Pour 4 personnes

400 g de haricots rouges
200 g de queues de cochons salées
Mélange 4-épices
Piment de Cayenne en poudre

Pour les dombrés :

200 g de farine
1/2 verre d'huile
1 verre d'eau
Sel

Les dombrés sont des boulettes de farine que l'on sert avec de la viande, de la morue ou des crevettes. Vous trouverez des queues de cochons chez le boucher. Il s'agit d'un plat de résistance.

• Faites cuire les haricots rouges dans de l'eau, à la cocotte, environ 30 min jusqu'à ce qu'ils éclatent.
• Pendant ce temps, préparez la pâte à dombrés en creusant un puits dans la farine versée dans un saladier. Versez-y l'huile, l'eau salée et pétrissez de façon à obtenir une boule de pâte qui ne colle pas aux doigts.
• Faites revenir le mélange 4-épices avec le piment de Cayenne avant de les ajouter aux haricots rouges dans la cocotte.
• Lavez et grattez les queues de cochons, puis faites-les bouillir pendant 10 min.
• Égouttez-les et ajoutez-les aux haricots rouges épicés.
• Ajoutez les dombrés (faites des petites boulettes de pâte de la grosseur d'une noix) et faites cuire le tout à feu doux pendant 1 h minimum.
• Remuer régulièrement le mélange jusqu'à ce que les dombrés soient bien cuits.

Servez avec du riz, humm... voici une recette martiniquaise très populaire. Chaque fois que je suis à l'étranger, c'est ce plat qui me manque. Il s'agit de mon plat préféré. Ce n'est pas le plat martiniquais le plus festif mais un des plus anciens.

Œuvres principales : *Chronique des sept misères* (1986), *Solibo magnifique* (1988), *Éloge de la créolité* (1989), *Antan d'enfance* (1990), *Texaco* (1992), *Écrire en pays dominé* (1997), *L'Esclave vieil homme et le molosse* (1997), *Biblique des derniers gestes* (2002).

Françoise Chandernagor

Sortie « major » de sa promotion à l'ENA après un diplôme de l'Institut d'études politiques de Paris et une maîtrise de droit public, Françoise Chandernagor intègre le Conseil d'État en 1969, puis occupe plusieurs postes dans le secteur culturel et les services économiques. En 1981, elle publie les mémoires imaginaires de madame de Maintenon sous le titre *L'Allée du Roi*. Huit romans et une pièce de théâtre ont suivi. Aujourd'hui, Françoise Chandernagor est membre du prix Jean Giono, du prix Chateaubriand et, depuis juin 1995, de l'académie Goncourt.

Pâté aux pommes de terre creusois

Pour 6 personnes

2 pâtes feuilletées « pur beurre »
2 kg de pommes de terre
4 gros oignons
100 g de crème fraîche épaisse
20 cl de crème fraîche liquide
1 œuf
Un peu de ciboulette et de persil du jardin
Sel, poivre du moulin

• Préchauffez le four à 200 °C (th. 6-7).
• Disposez la première pâte feuilletée sur le fond d'une tourtière en la laissant déborder.
• Placez sur le fond une couche de pommes de terre crues coupées en fines lamelles que vous aurez au préalable mélangées dans un saladier avec 2/3 de la crème fraîche épaisse.
• Ajoutez ensuite une autre petite couche de crème fraîche épaisse. Salez et poivrez.

• Parsemez de fines herbes et d'oignons émincés.
• Recommencez l'opération en plusieurs couches en assaisonnant à chaque fois. Terminez par une couche de fines herbes et d'oignons.
• Sur le dessus placez une abaisse de pâte et soudez-la à celle du dessous en repliant sur les bords de la tourtière.
• Pratiquez une cheminée au centre de la tourte et badigeonnez le dessus avec l'œuf battu.
• Mettez à cuire de 45 min à 1 h (selon l'épaisseur).
• En fin de cuisson, découpez un couvercle sur le dessus de la tourte et versez la crème fraîche liquide.
• Refermez le couvercle et servez chaud.
• Accompagnez d'une salade verte.

Voici la recette de notre plat familial préféré, parce que c'est le plat « national » de la Creuse et du sud du Berry. Plat de pays pauvre, mais nourrissant, facile à faire… Et délicieux. La seule difficulté est qu'on ne trouve plus de crème fraîche épaisse aussi solide, aussi ferme, que celle qu'on trouvait autrefois dans nos campagnes. Il faut se contenter de celle du commerce… On y arrive quand même.

Œuvres principales : *L'Allée du Roi* (1981), *La Sans Pareille* (1988), *L'Archange de Vienne* (1989), *L'Enfant aux loups* (1990), *L'Enfant des Lumières* (1995), *La Première épouse* (1998), *Maintenon* (2001), *La Chambre* (2002), *Couleur du temps* (2004).

Madeleine Chapsal

Madeleine Chapsal écrit depuis l'âge de quinze ans. Elle est à la fois journaliste, essayiste, romancière, scénariste et auteur de théâtre. Après avoir collaboré aux *Échos*, elle participe à la fondation de *L'Express* et y travaille pendant vingt-cinq ans. Elle a publié une cinquantaine d'ouvrages, dont quelques-uns, *La Maison de Jade, Une saison de feuilles, L'Inventaire* ont été adaptés pour le cinéma ou la télévision. Madeleine Chapsal appartient depuis 1981 au jury du prix Femina. Elle est chevalier de l'Ordre du Mérite.

Clafoutis aux cerises

Pour 4 personnes

50 g de sucre en poudre
50 g de farine
2 jaunes d'œufs
1 œuf entier
25 cl de lait entier
30 g de beurre en pommade
100 g de petites cerises
1 pincée de sel

• Dans un bol, mélangez les jaunes d'œufs et le sucre, ajoutez le beurre en pommade et mélangez.
• Ajoutez ensuite la farine, l'œuf entier et le sel.
• Terminez en incorporant le lait.
• Versez la préparation dans un plat allant au four et enfin parsemez avec les petites cerises.

- Mettez à cuire dans un four chaud.
- Laissez refroidir avant de servir. Vous pouvez le préparer la veille.

Habituellement on vous précise, cuire à 150 °C par exemple, et bien là, je ne sais pas. Car cette recette, je l'ai toujours faite dans un four à bois dans cette maison qui date de 1632. Bon j'ai changé de cuisinière il y a quelque temps, mais toujours pour une nouvelle cuisinière à bois identique.

Ma grand-mère, qui m'a donné cette recette, n'avait pas pris soin de noter à l'époque, la température du four, ni le temps de cuisson. Elle vérifiait la cuisson de temps en temps avec la pointe d'un couteau : si le clafoutis avait une jolie couleur dorée c'est qu'il devait être cuit. Alors je vous conseille d'en faire autant et de vous fier à votre bon sens de cuisinier.

Cette recette que je tiens donc de ma grand-mère est une recette typique du Limousin.

Œuvres principales : *Quinze écrivains* (1963), *Un été sans histoire* (1973) *Grands cris dans la nuit du couple* (1976), *La Jalousie* (1977), *Une femme en exil* (1978), *Un homme infidèle* (1980), *Divine passion* (1981), *La Maison de jade* (1986), *Adieu l'amour* (1987), *Si aimée, si seule* (1990), *Le retour du bonheur* (1990), *Mère et filles* (1992), *Une femme heureuse* (1995), *L'Inventaire* (1997), *Les Amoureux* (1997), *J'ai toujours raison !* (2000), *Conversations impudiques* (2002), *Dans mon jardin* (2003), *L'homme de ma vie* (2004), *Noces avec la vie* (2004).

Philippe Claudel

Philippe Claudel est professeur de lettres, écrivain et scénariste. Une thèse consacrée à André Hardellet l'a conduit à enseigner. Mais depuis son premier roman, paru en 1999, il enchaîne les succès littéraires. *J'abandonne* a reçu le prix France Télévision 2000, *Les Âmes grises* a reçu le prix Renaudot 2003.

L'hiver aux endives

Tout se passe dans les cuisines. Depuis l'enfance. Les goûters, les grandes décisions, les chagrins, les baisers, les paroles, les plans sur la comète, les repas. J'aime beaucoup écrire dans celle de notre maison. J'y trouve un je ne sais quoi de peu protocolaire. J'y trouve aussi la métaphore de tout ce que j'essaie de faire, dans mes livres, et aussi de la façon de les faire, comme un grand pot-au-feu, un plat mijoté, ou bien parfois une viande à peine saisie par un feu vif.

J'écris. J'arrête d'écrire. Je prépare un thé, ou je me verse un verre de vin, selon l'heure. J'y mange debout une tranche de cervelas, un pied de cochon, une part de tarte. Je me remets à écrire. Je redeviens l'enfant qui faisait jadis ses devoirs, dans une autre cuisine, qui n'existe plus celle-là, au sortir de l'école, sur une nappe en toile cirée à motifs de lièvres et de perdrix. J'aime surtout passer les matinées d'hiver dans cette pièce. Des mésanges viennent à la fenêtre regarder le gros monstre que je suis. Elles dodelinent de la tête, m'observent, un peu songeuses, avant de piquer du bec dans le morceau de saindoux disposé à leur intention le long du volet.

L'hiver, en cuisine, c'est notamment la saison de l'endive, somptueuse et naturelle œuvre d'art, profilée, qui hésite entre le blanc neigeux et le jaune vif. J'aime l'endive sous toutes ses formes, crue, croquée comme cela, sans rien, sans façon, ou à peine assaisonnée d'un peu d'huile – surtout pas d'olive ! – et de vinaigre. J'aime la saisir, la regarder, la trancher perpendiculairement et voir son corps s'ouvrir en s'éparpillant, mais ce que j'aime par-dessus tout, c'est la marier chaude avec le jambon. Un plat simple. Un plat de cuisine. Un plat sans façon.

On choisit de belles endives, pas trop grosses, qu'on braise sur un lit d'oignons émincés qu'on a fait préalablement blondir. À peine déposées ainsi dans le faitout, salées et poivrées, elles sont arrosées d'un jus de citron et d'un peu d'eau. On les laisse suer puis se caraméliser lentement, couvercle fermé. Il suffit ensuite de les prendre avec un peu d'oignon, de les envelopper dans une demi-tranche de jambon, puis de les disposer côte à côte dans un plat en terre. On aura fait entre-temps une béchamel à laquelle on ajoutera du fromage râpé – comté ou gruyère – et de la noix muscade. La sauce ainsi rehaussée, on peut en recouvrir les endives, jusqu'à les faire disparaître. Il ne reste plus qu'à déposer quelques copeaux de beurre sur le plat et à l'enfourner.

On ne s'occupe plus de rien. Sinon du vin. On débouche la bouteille. Un vin assez jeune, plutôt léger, simple, bourgogne de la côte-de-nuits, mais sans prétention, un rouge de Loire, un morgon de chez Marcel Lapierre. La vie est là, comme disait l'autre, simple et tranquille. On lit le quotidien local. Les anciens d'Haraucourt ont fait une sortie en Alsace. Monsieur Georges Bourdon, de Tonnoy, a pêché dans la Moselle un brochet d'un mètre zéro quatre. Les réservistes de Varangéville ont été battus 5 à 3 par ceux de Pouxey. Pour le lendemain, les services météorologiques annoncent de fortes gelées. On tranche un bon pain pansu. On boit une gorgée. On rêvasse.

Lorsqu'on aperçoit dans la lucarne du four la béchamel clapoter et roussir, il est temps. Trois quarts d'heures environ ont passé. On se met à table. Au dehors, il fait froid. Les vitres sont embuées. On ne distingue plus les mésanges. On ne sait pas trop quelle heure il est. La cuisine semble la cabine d'un navire lancé très loin des hommes. Le vin fait danser devant nous ses éclats de sang clair. On s'est servi généreusement en endives, mais pas trop tout de même, car on pense déjà au plaisir du lendemain : réchauffées, elles atteindront le divin. On ferme les yeux. On se tait. On a un peu trop chaud. Il fait bon.

Voilà.
Il n'y a plus rien à dire, sinon que nous sommes vivants, vivants, et qu'il ne faut jamais parler en mangeant, ni écrire.

Œuvres principales : *Meuse, l'oubli* (2000), *Quelques-uns des cent regrets* (2000), *J'abandonne* (2000), *Le Bruit des trousseaux* (2002), *Nos si proches Orients* (2002), *Les Petites mécaniques* (2003), *Les Âmes grises* (2003).

Pierre Combescot

Pierre Combescot est né en 1940. Écrivain et spécialiste d'opéra et de danse classique, il a obtenu le prix Goncourt pour *les Filles du Calvaire* en 1991. Il a également reçu le prix Prince Pierre-de-Monaco pour l'ensemble de son œuvre. De sa maison proche de Nîmes, où il écrit chaque matin avec la rigueur d'un danseur qui se met à la barre, il m'a livré sa recette d'œufs brouillés.

Les œufs Combescot

Pour 6 personnes
12 œufs frais
1 grosse gousse d'ail
500 g de tomates
200 g de parmesan
10 g de beurre
Sel, poivre

• Pelez l'ail et écrasez-le pour qu'il se transforme en crème. Râpez le parmesan.
• Dans une sauteuse, faites réduire avec un morceau de beurre, à feu doux, les tomates que vous aurez pelées, coupées en morceaux, et surtout épépinées.
• Cassez les œufs dans un saladier et battez-les en « œufs brouillés ». Salez et poivrez.
• Ajoutez l'ail et les tomates, et mélangez très délicatement.

• Dans une casserole très chaude, versez le mélange et remuez tranquillement pour que les œufs deviennent « brouillés ».
• Au dernier moment, ajoutez le parmesan râpé en mélangeant légèrement.
• À temps, mettez hors du feu. Alors deux possibilités s'offrent à vous : soit vous décidez de manger ces œufs exquis tout de suite, soit vous les laissez à température ambiante pour les goûter plus tard. Là, c'est vous qui choisissez : les deux sont divins.

Cette recette est magnifique, digne d'un souper chez les Borgia. Quelques bolets rouges à la place des tomates et hop ! en route vers le ciel !

Œuvres principales : *Louis II de Bavière* (1973), *Les Funérailles de la Sardine* (1986, prix Médicis), *Les Petites Mazarines* (1990), *Les Filles du Calvaire* (1991, prix Goncourt), *La Sainte Famille* (1996), *Le Songe de pharaon* (1998), *Lansquenet* (2002), *Les Diamants de la guillotine* (2003), *Ce soir, on soupe chez Pétrone* (2004).

André Comte-Sponville

Ancien élève de l'École normale supérieure, agrégé et docteur de philosophie, André Comte-Sponville ne vit désormais plus que de sa plume. Depuis 1998, il est à la tête de la collection « Carnets de philosophie » dont le but est de mettre la philosophie à la portée de tous à travers des textes qu'il choisit lui-même et qu'il présente. Il lui arrive également de collaborer à certains titres de la presse grand public : *L'Express, Le Point, Le Nouvel Observateur, L'Expansion, Le Monde, Le Figaro, La Croix, Libération, Le Magazine littéraire, Psychologies*...

Spaghettis à la carbonara

Pour 4 personnes

500 g de spaghettis

300 g de lardons

5 œufs

25 cl de crème fraîche liquide

50 g de parmesan

Gros sel

Poivre du moulin

• Faites bouillir une grande quantité d'eau salée. Plongez-y les pâtes et remuez plusieurs fois.

• Pendant que les pâtes cuisent, faites revenir les lardons.

• Cassez les œufs en séparant les blancs des jaunes (prévoir 1 œuf par personne, plus 1 pour la poêle). Les blancs pourront servir pour une autre recette : seuls les jaunes sont utilisés dans celle-ci.

• Mélangez les jaunes avec la crème fraîche liquide (environ 5 cl par jaune d'œuf). Poivrez, mais ne salez pas (les lardons le sont suffisamment).
• Versez-le tout sur les lardons en fin de cuisson, non sans avoir au préalable baissé la flamme.
• Faites cuire le mélange à feu doux, en remuant en permanence pendant 2 min environ. Goûtez. Modifiez l'assaisonnement si nécessaire.
• Rajoutez éventuellement de la crème fraîche (si la sauce est trop consistante) et un peu de parmesan râpé.

C'est un plat consistant, chaleureux, calorique, facile à faire et à manger. Prévoyez au moins 100 g de pâtes par personne.

Attention : la sauce doit rester liquide !
Il importe de la cuire très doucement et peu.
Lorsque les pâtes sont cuites al dente (ni collantes ni craquantes), les servir dans les assiettes. Verser la sauce dessus. Bon appétit !

Œuvres Principales : *Traité du désespoir et de la béatitude* (1984-1988), *Une éducation philosophique* (1989), *L'Amour la solitude* (1992) *Valeur et Vérité* (1994), *Petit traité des grandes vertus* (1995), *Impromptus* (1996), *La Sagesse des modernes* (avec Luc Ferry, 1998), *L'Être temps* (1999), *Présentation de la philosophie* (2000), *Le Bonheur désespérément* (2000), *Dictionnaire de la philosophie* (2000), *Le Capitalisme est-il moral ?* (2004).

Didier Decoin

Didier Decoin entre comme journaliste à *France-Soir*, après des études au collège Sainte-Croix de Neuilly. *Le Procès à l'amour* qu'il publie à l'âge de vingt ans est son tout premier roman. Très vite, il sera suivi d'une vingtaine de titres, dont *John L'Enfer* pour lequel, il reçoit le prix Goncourt en 1977. Didier Decoin est également scénariste. Au cinéma, il travaille pour de grands réalisateurs : Marcel Carné, Robert Enrico ou Henri Verneuil. Mais il consacre la plus grande partie de son temps à la télévision : il est l'auteur de très nombreux scripts originaux et d'adaptations. Il a d'ailleurs dirigé la fiction de France 2 pendant trois ans et demi. En 1999, il est récompensé par le Sept d'Or du meilleur scénario pour son adaptation du *Comte de Monte-Cristo*. Depuis 1995, Didier Decoin est le secrétaire général de l'académie Goncourt.

Les moules Nord-Sud

Pour 4 personnes

3 kg de belles grosses moules
3 oignons
1/2 gousse d'ail
1 bouquet garni (thym, laurier, persil)
3 jaunes d'œufs
20 cl de crème fraîche
50 g de beurre
1 cuil. à soupe de farine
3 verres de vin blanc sec
Un peu de safran en poudre

• Mettez les moules nettoyées dans une cocotte avec le bouquet garni, couvrez-les de vin blanc, un muscadet-sur-lie par exemple, faites chauffer quelques minutes afin que les moules s'ouvrent.

• Une fois que les moules sont ouvertes, vous les réservez dans un plat creux et vous gardez le jus de la cocotte.
• L'opération délicate et un peu fastidieuse commence alors : enlevez le couvercle de chacune des moules, évidemment si vous avez décidé de faire ce plat pour douze convives se sera un peu long ! L'opération terminée, vous déposez les moules dans un plat allant au four.
• Découpez très finement les oignons et faites-les blondir avec le beurre dans une casserole. Ajoutez 1 cuil. à soupe de farine, et mélangez pour obtenir une pâte.
• Mouillez cette pâte avec le jus de cuisson des moules et mélangez bien. Réservez.
• Dans une jatte en terre, mélangez la crème fraîche avec les jaunes d'œufs et l'ail écrasé. Parsemez de safran, goûtez et rectifiez l'assaisonnement. La préparation doit avoir la belle couleur et le parfum du safran.
• Versez cette crème dans la casserole et à feu doux mélangez jusqu'à obtentir d'une sauce bien crémeuse, en prenant soin de ne pas faire bouillir la crème.
• Versez cette sauce sur les moules, et mettez le plat dans un four très chaud pendant 5 à 6 min, le meilleur moyen est de goûter une moule pour savoir si c'est cuit.
• Servez dès la sortie du four et accompagnez ce plat d'un menetou-salon, enfin, moi c'est ce que je préfère.

Œuvres principales : *Le Procès à l'amour* (1966), *La Mise au monde* (1967), *Laurence* (1969), *Élisabeth ou Dieu seul le sait* (1970), *Abraham de Brooklyn* (1971), *Ceux qui vont s'aimer* (1973), *Un policeman* (1975), *John L'Enfer* (1977), *La Dernière nuit* (1978), *L'Enfant de la mer de Chine* (1981), *Les Trois vies de Babe Ozouf* (1983), *Autopsie d'une étoile* (1987), *Meurtre à l'anglaise* (1988), *La Femme de chambre du Titanic* (1991), *Docile* (1994), *La Promeneuse d'oiseaux* (1996), *La Route de l'aéroport* (1997), *Louise* (1998), *Madame Seyerling* (2002).

Ce plat est en réalité une recette de réconciliation entre les rivages de la Méditerranée et ceux de la Manche. Il plaira donc autant dans le Sud que dans le Nord, c'est assez rare pour une recette de cuisine !

Régine Deforges

Née à Montmorillon dans le Poitou, Régine Deforges exerce divers métiers : d'abord relieur puis libraire, elle devient ensuite la première femme éditeur de France. Combattant toutes les censures, elle publie pamphlets politiques et ouvrages érotiques. Elle s'essaie plus tard au roman populaire et rencontre le succès avec le cycle entamé par la *Bicyclette bleue*, qui lui vaut le prix des Maisons de la presse en 1983. Léa et François, ses héros, poursuivant leurs aventures dans huit autres volumes vendus à plusieurs millions d'exemplaires dans le monde, la font entrer au nombre des « phénomènes d'édition ». On lui doit encore près d'une centaine d'ouvrages en tout genre, quelques scénarios, des chansons et des illustrations. Régine Deforges, mère de trois enfants, est l'épouse de Wiaz, dessinateur politique au *Nouvel observateur* notamment. Elle tient une chronique dans *L'Humanité*, adore cuisiner en famille et publie régulièrement ses meilleures recettes.

Haricot de mouton à la poitevine

Pour 5 ou 6 personnes

1,2 kg de mouton (poitrine, collier) en morceaux
1 kg de petits pois frais
500 g de pommes de terre
500 g de carottes nouvelles
500 g de navets ronds
5 gros oignons
1 gousse d'ail
1 bouquet garni
50 g de beurre
1 petite boîte de concentré de tomate
20 g de farine
Sel, poivre

Pour les haricots frais poitevin :
1 kg de haricots frais écossés
2 carottes
3 branches de céleri
1 blanc de poireau
1 oignon
2 gousses d'ail
1 bouquet garni
Persil, cerfeuil, estragon
1 clou de girofle
40 g de beurre
150 g de crème fraîche épaisse
1 cuil. à soupe de farine
Sel, poivre

La viande

• Dans une cocotte, faites chauffer le beurre et mettez-y la viande à dorer, à feu vif, de toutes parts, avec les oignons coupés.
• Saupoudrer de farine et mélangez bien.
• Ajoutez l'ail écrasé et le concentré de tomate. Mélangez sur feu vif et laissez dorer.
• Maintenant mettez de l'eau à hauteur de la viande, ajoutez du sel, du poivre et le bouquet garni. Couvrez et laissez mijotez 30 min.
• Épluchez et coupez en morceaux les carottes et les navets.
• Écossez les petits pois. Mettez-le tout dans la cocotte et laissez cuire 15 minutes supplémentaires.
• Ajoutez les pommes de terre épluchées et coupées en morceaux et laissez mijotez encore 25 min pour terminer la cuisson.
• Goûtez afin de vérifier l'assaisonnement. Servez dans un plat chaud.

Les haricots

• Passons maintenant à la préparation des haricots. Dans une casserole d'eau salée, faites cuire les carottes épluchées, l'oignon piqué du clou de

girofle, l'ail pelé, le bouquet garni ficelé avec le céleri et le poireau pendant 20 à 25 min.
• Ajoutez les haricots et amenez à ébullition, puis baissez le feu.
• Laissez frémir jusqu'à cuisson complète.
• Avec le beurre et la farine faites un roux blanc, mouillez avec la crème pour obtenir une béchamel épaisse.
• Égouttez les légumes de cuisson, mélangez-les à la béchamel, poivrez.
• Placez le mouton et les légumes dans un plat et parsemez d'herbes hachées.

Ce plat du Poitou est une de mes recettes préférées.
En mélangeant le mouton et les haricots frais,
vous obtenez un plat complet qui se mange
en toutes saisons.

Œuvres principales : *On m'a dit* (1975), *Le Cahier volé* (1978), *La Révolte des nonnes* (1981), *La Bicyclette bleue* (1981), *101, avenue Henri-Martin* (1983), *Le Diable en rit encore* (1985), *Cuba libre !* (1989), *Noir tango* (1991), *Rue de la soie* (1994), *La Dernière colline* (1996), *Ma cuisine* (1996), *Alger, ville blanche* (2001), *Les Généraux du crépuscule* (2003), *Pêle-Mêle, chroniques de l'Humanité* (2004, t. V), *Le Collier de perles* (2004).

Philippe Delerm

Né à Auvers-sur-Oise, Philippe Delerm fait des études de lettres à Nanterre avant de devenir enseignant comme l'étaient ses parents. Il se marie en 1975 et s'installe à Beaumont-le-Roger où il demeure toujours. En 1983, il publie son premier ouvrage sous le titre *La Cinquième saison*, mais c'est en 1997 que son recueil de nouvelles *La première gorgée de bière et autres plaisirs minuscules* lui permet de se faire connaître du grand public. Aujourd'hui professeur à Bernay, il continue d'écrire.

La tentation de Jansson

Pour 4 à 6 personnes

700 g de pommes de terre
3 gros oignons
10 filets de harengs
100 g de beurre
3 cuil. à soupe de crème fraîche
5 brins d'aneth

- Faites pré-cuire les pommes de terre : ne les pelez pas et commencez la cuisson à l'eau froide. Comptez 20 min à partir de l'ébullition.
- Épluchez-les et coupez-les en rondelles.
- Dans une poêle, faites revenir les oignons émincés avec un peu de beurre, jusqu'à ce qu'ils deviennent translucides.
- Préchauffez le four à 210 °C (th. 7).
- Prenez un grand plat à gratin. Beurrez-le, puis disposez une couche de pommes de terre. Recouvrez d'une couche d'oignons, puis étalez de la crème fraîche et parsemez d'aneth.

• Déposez les filets de harengs les uns à côté des autres pour recouvrir tout le plat.
• Remettez encore une couche de pommes de terre et terminez par la crème fraîche et l'aneth.
• Mettez le plat au four chaud, et laissez cuire ce gratin pendant 45 min.
• Servez dès la sortie du four.

J'ai rapporté ce gratin de mes nombreux voyages dans les pays nordiques. La cuisine de Suède, de Norvège ou même de Finlande, à base de poissons et de féculents, est très bonne pour la santé. Et à chaque fois c'est la même surprise : le goût des harengs avec la crème et les pommes de terre.
Je vous conseille un Sancerre blanc avec ce gratin familial.

Œuvres principales : *La Cinquième saison* (1983), *Le Buveur de temps* (1987), *Les Amoureux de l'Hôtel de Ville* (1993), *L'Envol* (1995), *La Première gorgée de bière et autres plaisirs minuscules* (1997), *Paniers de fruits* (1998), *Il avait plu tout le dimanche* (2000), *La Sieste assassinée* (2001), *Petite géographie intime* (2001), *Le Portique* (2002), *Enregistrements pirates* (2004).

Jean François Deniau

de l'Académie française

Jean François Deniau est né à Paris. Après de brillantes études, il est reçu à l'ENA à Saigon alors qu'il sert dans une unité de partisans montagnards pendant la guerre d'Indochine. Il est nommé ambassadeur en Mauritanie à l'âge de trente-cinq ans, puis ambassadeur auprès du roi d'Espagne en 1976. Il est nommé six fois ministre entre 1973 et 1980. Il est élu député du Cher en 1978, puis président du conseil général en 1980. Depuis 1982, il se consacre au combat des peuples victimes d'une dictature ou d'une occupation étrangère. Parallèlement à toutes ces activités, Jean François Deniau n'oublie jamais ses deux passions l'écriture et la mer. *L'Empire nocturne* lui a valu le grand prix Paul Morand de l'Académie française en 1990. En 1992, Jean François Deniau est élu à l'Académie française, puis à l'Académie de marine. En 2003, il fonde *Écrivains de Marine* dont il est le président.

Agneau à l'antique

Pour 6 personnes

1 épaule d'agneau
6 échalotes
30 abricots secs
200 g de raisins secs
1 cuil. à soupe d'aneth frais
1 cuil. à café de cumin en poudre
1 cuil. à soupe de ras el-hanout
1 cuil. à soupe de miel liquide
50 cl de bouillon de poule dégraissé en tablettes
1 verre de vin rouge corsé
1 cuil. à soupe de vinaigre balsamique
10 cl d'huile olive

• Mettez les abricots secs à tremper dans le vin rouge et les raisins dans le miel liquide. Saupoudrez les 2 mélanges de cumin et de ras el-hanout, parsemez d'aneth.
• Faites dorer l'épaule d'agneau à l'huile d'olive dans une cocotte en fonte. Égouttez-la et réservez-la.
• Dans la même cocotte, faites revenir les échalotes hachées puis déglacez au vinaigre balsamique.
• Préchauffez le four à 210 °C (th. 7).
• Remettez l'épaule dans la cocotte, mouillez avec le bouillon et ajoutez les raisins et les abricots et leur liquide.
• Couvrez et mettez au four pendant 30 min.
• Baissez un peu la chaleur du four et continuez à cuire pendant 1 h.
• Servez avec du riz ou de la purée de carottes et de céleri.

Œuvres principales : *Le Bord des larmes* (1955), *La Mer est ronde* (1975), *L'Europe interdite* (1977), *Deux heures après minuit* (1985), *La Désirade* (1989), *Un héros très discret* (1989), *Ce que je crois* (1992), *Mémoires de sept vies* (1994), *L'Atlantique est mon désert* (1996), *Tadjoura* (1999), *La Bande à Suzanne* (2000), *L'Île Madame* (2001), *Dictionnaire amoureux de la mer* (2002), *La Gloire à vingt ans* (2003), *La Double passion écrire ou agir* (2004), *La Lune et le Miroir* (2004).

Michel Déon

de l'Académie française

Michel Déon est né à Paris. Après des études de droit, il quitte la France en 1950 pour les États-Unis grâce à une bourse de *l'Institute of International Education*. En 1951, il se consacre au nouveau journalisme et commence à publier régulièrement. En 1963, il part à Spetsai en Grèce pendant cinq années. Après de longs séjours au Portugal, il partage son temps depuis 1969 entre l'Irlande, la Grèce et Paris. En 1996, il reçoit le prix Giono pour l'ensemble de son œuvre. Il est nommé docteur *Honoris Causa* des Universités d'Irlande et membre associé de l'Académie des sciences portugaise. Le 8 juin 1978, Michel Déon est élu à l'Académie française.

La moussaka

Pour 6 personnes

6 aubergines moyennes
6 tomates fraîches pelées et émincées
1 oignon
300 g de viande hachée
1 œuf
20 g de beurre
75 cl de sauce béchamel
6 cuil. à soupe de parmesan râpé
4 cuil. à soupe de chapelure
6 cuil. à soupe de vin blanc sec
10 cl d'huile d'olive
20 cl d'huile pour friture
Sel fin, gros sel, poivre

• Coupez les aubergines en deux dans le sens de la longueur.
• Laisser-les macérer en les couvrant de gros sel pendant 30 min.
• Rincez-les, séchez-les et faites-les frire.
• Enlevez la chair des aubergines et placez-les dans un plat allant au four beurré.
• Dans une sauteuse, faites revenir dans un peu de beurre, l'oignon pelé et coupé en morceaux et la viande hachée.
• Ajoutez la chair des aubergines, 4 tomates, le vin, salez, poivrez et laissez cuire doucement pendant 20 à 25 min.
• Préchauffez le four à 210 °C (th. 7).
• Enlevez la sauteuse du feu et ajoutez au mélange 2 cuil. à soupe de parmesan râpé et autant de chapelure.
• Liez le mélange avec l'œuf battu et remplissez-en les aubergines.
• Couvrez avec la béchamel et mettez le reste du fromage et de la chapelure par-dessus.
• Mixez le reste des tomates et ajoutez-les dans le plat avec 2 ou 3 cuil. à soupe d'eau chaude.
• Vérifiez l'assaisonnement et enfournez pendant 30 min.

Certes, c'est une recette grecque
mais légèrement occidentalisée.
Essayez-la, vous verrez.

Œuvres principales : *Je ne veux jamais l'oublier* (1950, prix de la ville de Nice), *Le Dieu pâle* (1954), *Les Poneys sauvages* (1970, prix Interallié), *Un taxi mauve* (1973, grand prix du roman de l'Académie française), *Thomas et l'Infini* (1975, prix européen de littérature pour enfants), *Un déjeuner au soleil* (1981), *Je vous écris d'Italie* (1984), *Ma vie n'est plus un roman* (1987), *Ariane ou l'oubli* (1992), *Je me suis beaucoup promené...*(1995), *La Cour des grands* (1996), *Madame Rose* (1998), *Une affiche bleue et blanche* (2002), *Mentir est tout un art* (2002), *La Chambre de ton père* (2004).

Françoise Dorin

Fille du chansonnier René Dorin, Françoise Dorin commence une carrière de comédienne dans des cabarets où elle interprète des sketches de Jean Poiret et de Michel Serrault. Parallèlement, elle écrit pour la radio et la télévision, des nouvelles, des articles, des romans et des chansons. La plus connue sera interprétée par Charles Aznavour (*Que c'est triste Venise*, 1965). En 1967, elle connaît sa première consécration au théâtre avec sa pièce *Comme au théâtre*. En 1976, elle se lance dans le roman et connaît un succès ininterrompu, tant en France qu'à l'étranger.

Sushis de sardines aux pommes de terre

Pour 4 personnes
4 sardines très fraîches
400 g de pommes de terres nouvelles
30 g de beurre

• Tout va se passer dans la préparation des sardines : vous allez donc commencer par enlever la peau. Puis en tenant la sardine par la tête, à l'aide d'un couteau, vous tranchez la sardine sur la longueur, les filets doivent venir presque tout seul. Pour terminer et surtout pour que les filets soient parfaits, vous allez méticuleusement enlever les dernières arêtes avec une pince à épiler par exemple.
• Vous devez avoir maintenant de beaux filets de sardines parfaitement préparés. Réservez-les dans une assiette.
• Faites cuire les pommes de terre à la vapeur avec leur peau pour qu'elles gardent toute leur saveur.
• Épluchez-les et coupez-les en deux.

• Disposez dans les assiettes, les pommes de terre avec une noisette de beurre et déposez les filets de sardines dessus.
• Dégustez tout de suite, c'est délicieux.

La sardine n'est pas un poisson que l'on mange souvent cru, et pourtant c'est bien en la mangeant ainsi que vous allez découvrir son véritable goût. Ce plat très simple est excellent pour la santé.

La cuisine n'est pas mon occupation favorite, mais j'ai toujours pour ceux que j'aime quelques recettes toutes simples à portée de main. Celle-ci en est une, qui séduit aussi par son originalité.

Œuvres principales : *Virginie et Paul* (1957), *Comme au théâtre* (1967), *La Facture* (1968), *Les Bonshommes* (1970), *Le Tournant* (1973), *Le Tube* (1975), *Va voir maman, papa travaille !* (1976), *Le Tout pour le tout* (1978), *L'Intoxe* (1980), *Les Lits à une place* (1980), *L'Autre valse* (1982), *L'Étiquette* (1983), *Les Jupes-Culottes* (1984), *Les Cahiers tango* (1988), *Nini Patte-en-l'Air* (1990), *Au nom du père et de la fille* (1992), *Pique et Cœur* (1993), *Le Retour en Touraine* (1993), *Les Vendanges tardives* (1997), *La Courte-Paille* (1999), *Dorin père et fille* (avec René Dorin) (1999), *Les Julottes* (2000), *Soins intensifs* (2001), *La Rêve party* (2002), *Monsieur de Saint-Futile* (2002), *La Rêve partie* (2002), *Tout est possible* (2004).

Jacques Duquesne

Jacques Duquesne est né à Dunkerque. Son enfance a eu pour cadre les bombardements de la seconde guerre mondiale. C'est dans les années 1950 qu'il commence sa carrière de journaliste à la rédaction de *La Croix*. En 1971, il fait partie des journalistes fondateurs du magazine *Le Point*. Parallèlement à son activité de journaliste, il mène une carrière d'essayiste, de romancier et de biographe. Aujourd'hui, Jacques Duquesne est président du conseil de surveillance du magazine *L'Express*.

Le lapin aux pruneaux

Pour 6 personnes

1 lapin entier
10 tranches de poitrine fumée de 2 cm de long sur 1 cm de large
4 gros oignons
3 brins de persil plat
14 pruneaux dénoyautés
1 poignée de raisins de Malaga
2 brins de thym
1 cuil. à soupe de farine
1/2 bouteille de vin blanc sec
10 cl d'huile d'olive
Sel, poivre

• Dans un récipient, faites tremper les pruneaux et les raisins dans de l'eau froide pendant 1 h environ, afin qu'ils soient bien gorgés.
• Découpez votre lapin en morceaux, en enlevant la tête et en réservant le foie.
• Faites revenir dans une cocotte en fonte les oignons finement coupés avec l'huile d'olive. Ils doivent blondir et fondre. Enlevez-les et posez-

les dans une assiette. Recommencez la même opération avec la poitrine fumée. De nouveau réservez.

• Maintenant faites revenir les morceaux de lapin dans la cocotte pour qu'ils dorent sur tous les côtés. Ajoutez la farine sur les morceaux de lapin.

• Pendant ce temps, dans une casserole faites tiédir 75 cl de mélange de vin blanc sec et 1 verre d'eau. Versez le mélange dans la cocotte. Si le liquide ne couvre pas totalement le lapin, rajoutez de l'eau.

• Ajoutez les oignons, la poitrine fumée, le foie du lapin, le persil et le thym. Salez, poivrez.

• Faites cuire le tout à feu très doux pendant 45 min environ.

• Égouttez les pruneaux et les raisins et déposez-les dans la cocotte. Faites encore cuire, toujours à feu très doux pendant 30 min.

Ce plat du nord de la France, que me cuisinait ma mère, peut très bien être préparé à l'avance et être réchauffé. Aujourd'hui, ma femme qui a appris cette recette, y a ajouté quelques petites idées à elle, et je dois avouer qu'elle réussit ce plat à merveille. Je sais, tout le monde ne partagera pas mon avis (même chez moi), mais j'adore accompagner ce plat d'une bonne bière. Mon épouse préfère un bourgogne blanc, je vous laisse choisir...

Œuvres principales : *Romans du Nord* (1998), *Le Bonheur en trente-six vertus* (1999), *Dieu expliqué à mes petits-enfants* (1999), *Aline* (2000, *Les Héritières* t. I), *Les Années Jean-Paul II* (2000), *Aurélie* (2001, *Les Héritières* t. II), *Céline* (2002, *Les Héritières* t. III), *Et pourtant nous étions heureux* (2002), *Pour comprendre la guerre d'Algérie* (2003), *Marie* (2004).

Benoît Duteurtre

Benoît Duteurtre est né près du Havre. Il commence à écrire à quinze ans et publie son premier roman *Sommeil perdu* en 1985. Installé à Paris il gagne sa vie en pianotant et fréquente le milieu du jazz. Son second roman *À propos des vaches* paraît en 1987. En 1993, il relance la collection musicale « Solfèges » au Seuil. En 1997, *Drôle de temps* obtient le prix de la nouvelle de l'Académie française. *Le Voyage en France* reçoit en 2001 le prix Médicis du roman français.

Fricassée d'œufs frais
sur son lit de verdure

Pour 1 personne

Du temps (6 h environ)

De l'énergie (de bons mollets)

Une météo favorable (ni trop sèche, ni trop humide au cours des jours précédents)

C'est ma recette favorite, dans le village des Hautes Vosges où je me rends souvent pour écrire.

• D'abord, se rendre au hameau voisin. On peut y aller en voiture, mais la ferme de Noël Pierré se trouve à l'extrémité d'un chemin peu carrossable et il faut terminer à pied, en grimpant ce joli vallon escarpé où coule un affluent de la Meurthe.
• Chercher Nono Pierré qui est peut-être derrière la maison, près du bassin des truites. Sinon, entrer directement dans la grange obscure, la traverser, frapper à la porte du fond jusqu'à ce qu'une voix dise « entrez ». Puis saluer le maître des lieux et s'asseoir avec lui devant la table, pour une longue conversation ponctuée de mots très rares. Boire un canon, puis

un deuxième, et demander enfin s'il aurait des œufs. Attendre qu'il réponde « pas beaucoup en ce moment. Le renard m'a pris trois poules… mais j'en aurais peut-être une demi-douzaine ».

• Demander ensuite au fermier s'il aurait une salade (c'est pourquoi la météo est importante). Suivre Nono au potager où il arrachera lui-même plusieurs pieds qui ne paient pas de mine. Ensuite, ne plus rien demander, mais regarder la ciboulette avec intérêt : le fermier finira par en proposer, comme un supplément purement amical (il la découpera avec son canif).

• Remercier Nono Pierré et regagner le village. Au lieu de rentrer directement à la maison, s'arrêter à l'Auberge lorraine pour retirer la miche de pain commandée la veille ainsi qu'une bouteille de vin et un petit munster. Boire encore un verre avec un bûcheron.

• Attention : filer avant la deuxième tournée et rentrer chez soi.

• Ranimer le feu dans la cheminée. Allumer la radio (ici, on ne capte pas grand-chose, mais une onde moyenne allemande conviendra). Déboucher la bouteille de vin.

• Laver la laitue avec soin (elle est beaucoup moins nette que celle des magasins ; ses feuilles n'ont pas cette consistance luisante, mi-carton, mi-plastique).

• L'égoutter. Préparer une vinaigrette. Faire les œufs au plat ou en omelette, en y ajoutant de généreuses pincées de ciboulette fraîche ciselée.

Manger enfin le plat le plus exquis et le plus rare qu'on puisse imaginer, aujourd'hui, en France : une salade du jardin, poussée dans une vallée sans engrais ni pesticides, parfumée d'une ciboulette de montagne cueillie deux heures plus tôt ; avec les œufs de poules rousses et noires qui vous ont couru dans les pattes, à l'entrée de la ferme.

Être content. Reprendre du vin et du fromage.

Se coucher.

Œuvres principales : *Sommeil perdu* (1985), *À propos des vaches* (1987), *L'Amoureux malgré lui (1989)*, *Tout doit disparaître* (1993), *Drôle de temps* (1997), *Les Malentendus* (1999), *Le Voyage en France* (2001), *Le Grand embouteillage* (2002), *Service clientèle* (2003), *La Rebelle* (2004).

Nicolas d'Estienne d'Orves

Nicolas d'Estienne d'Orves est écrivain, critique littéraire et musical au *Figaro Magazine*, à *Figaro Madame* et au *Spectacle du Monde*. Il est l'auteur entre autres d'*Othn ou l'Aurore immobile* qui reçoit le prix Roger Nimier 2002, du *Sourire des enfants morts* aux Belles Lettres et de *Fins de race*.

Andouillette à la NEO

Pour 1 personne

2 andouillettes

30 g de beurre au moins

3 cuil. à café de moutarde forte

L'andouillette a changé ma vie. Jusque-là, je vivais entre deux mondes : mi-enfant, mi-adulte ; donc nulle part. Avec l'andouillette, je suis entré de plein pied dans l'âge d'homme !

Son parfum (musqué, réconfortant – presque poilu), sa forme (noueuse, en loupe d'orme), son contenu secret (tant de noms d'oiseaux : chaudin, caillette, fraise…) m'ont envoûté. L'andouillette prélude à l'accomplissement personnel tout autant qu'elle symbolise la chute des corps, le triomphe du bas ventre. C'est une littérature en soi. Un microcosme.

L'andouillette ? Ma vie en résumé ; ma petite synthèse charcutière. Mon symbole pansu, grisâtre et jovial. Ne lui manque que le nœud papillon.

Bref, des années durant, je n'ai commandé que ça : au bistro, au café, dans les brasseries, les bonnes tables…

– Une andouillette, s'il vous plaît !

– Tu ne veux pas prendre autre chose ?

À cette question (inepte !) je répondais par un haussement d'épaules, comme un monothéiste toise des païens.

Le soir, dans mes doux réduits parisiens, je m'en faisais cuire, tout seul. Ça sentait jusque chez la concierge. À la longue, j'en étais presque écœuré ; comme un amant épuisé s'effondre après une nuit d'étreintes.

Puis ma vie a encore changé : j'ai rencontré poussin.

Je n'avais plus à sacrifier aux lois de la cuisine, car de ce culte elle était prêtresse.

J'ai donc délaissé l'andouillette, lui préférant les joies bourgeoises du soufflé ou du blanc-manger. Il m'arrive encore d'en commander au restaurant, mais jamais je n'ai retrouvé ce frisson métaphysique de l'andouillette solitaire. Un cérémonial aux bornes de l'humain, qui me réserva tant d'extases. Le voici tel qu'il fut :

• Prenez 2 andouillettes de seconde qualité (c'est-à-dire garnies de purée d'abats, et non de morceaux, les Leader Price font très bien l'affaire).
• Coupez-les en rondelles très fines.
• Faites fondre dans une poêle bien plus de beurre qu'il n'en faut.
• Plongez les rondelles (feu pas trop fort) et guettez la dislocation.
• Lorsqu'il ne reste plus sur votre téflon qu'un conglomérat au parfum relevé, versez 3 cuil. à café de moutarde forte.
• Enfin, la ragougnasse bien jaune, servez.
• Mangez debout, seul, nez à la fenêtre, avec une cuillère à soupe.

Présenté ainsi, ça semblera intolérable, mais le résultat est à tomber.

Œuvres principales : *Le Sourire des enfants morts* (2001), *Othon* (2002), *Les Aventures extraordinaires de l'opéra* (2002), *Fins de race* (2002), *Le Regard de poussin* (2003), *Rue de l'autre monde* (2003), *Un été en Amérique* (2004).

Maxence Fermine

Maxence Fermine est né en 1968 à Albertville. Après avoir vécu dix ans en région grenobloise et treize années à Paris, il part en Afrique du Nord comme technicien dans un bureau d'études. Grâce au formidable succès de *Neige*, son premier roman, il a pu s'installer en Savoie dans la maison de famille de son enfance.

Poulet aux épices et au miel

Pour 6 personnes

1 gros poulet
5 citrons (jus)
50 cl d'huile d'olive grecque
6 cuil. à soupe de miel liquide de Savoie
1 cuil. à café de curcuma
1 cuil. à soupe de curry
1 cuil. à café de mélange 4-épices
Sel, poivre

La veille

• Découpez le poulet en morceaux.
• Préparez la marinade dans un grand plat profond, en y mettant l'huile d'olive, le miel, les épices, le jus des citrons, du sel et du poivre.
• Déposez-y les morceaux de poulet et malaxez-les bien (avec vos doigts) afin que les morceaux soient imprégnés de tous les ingrédients. Rajoutez de l'huile d'olive si tous les morceaux n'étaient pas recouverts.
• Couvrez le plat d'un linge et réservez pendant 24 h dans un endroit frais et sec (mais pas dans le réfrigérateur si possible).

Le jour même

• Préparez votre barbecue ou allumez votre gril et déposez les morceaux de poulet dessus, la grille doit être bien chaude.

• Pendant que le poulet cuit, faites réduire la marinade dans une petite casserole. Servez-la avec le poulet un peu caramélisé qui aura une jolie couleur dorée.

• Accompagnez d'aubergines frites par exemple.

Je vous recommande un petit rosé frais pour accompagner ce plat d'été aux saveurs d'Afrique du Nord. Après avoir goûté et apprécié de nombreux plats lors de voyages africains, j'ai recomposé celui-ci en mélangeant plusieurs recettes découvertes là-bas.

Œuvres principales : *Neige* (1999), *Le Violon noir* (1999), *L'Apiculteur* (2000), *Opium* (2002), *Billard blues* (2003), *Amazone* (2004).

Éric Fottorino

Diplomé de l'Institut d'études politiques, Éric Fottorino est rédacteur en chef au journal *Le Monde* dont il écrit la chronique quotidienne de dernière page. Il est l'auteur de sept romans depuis 1991. *Un territoire fragile,* prix Europe 1, a obtenu un grand succès auprès du public, de même que *Caresse de rouge* qui lui a valu le prix François-Mauriac de l'Académie française.

Les moules Naty

Pour 6 personnes

4 litres de moules de bouchots
1 bouquet de persil plat
2 petits oignons frais
10 g de beurre
2 cuil. à soupe de crème fraîche
1/2 verre de pineau des Charentes

• Lavez les moules en ôtant la partie filandreuse. Éliminez les moules ouvertes avant cuisson.
• Hachez le persil et les oignons frais.
• Prenez un plat au fond épais, genre cocotte. Faites-y fondre le beurre, à feu moyen-vif plutôt que moyen-doux. Jetez-y le persil et les oignons hachés.
• Remuez puis immédiatement, ajoutez les moules, et ensuite le pineau.
• Remuez sans cesse pour que toutes les moules cuisent et libèrent leur eau de mer. Quand elles sont ouvertes, ajoutez la crème fraîche. Mélangez avant d'ôter la cocotte du feu.
• Servez chaud dans ce jus marin délicatement parfumé.

C'est une recette simple à réaliser, comme un tour de magie enfantin. Mais attention : sitôt les moules nettoyées, leurs coquilles débarrassées des filaments appelés byssus, il n'est plus question de répondre au téléphone ou de rêvasser. Tout se joue au fond de la cocotte, à mélanger, à remuer, à humer le fumet qui s'exhale des coquilles en train de s'ouvrir. Une mouclade est une manière de bain de mer que l'on prend d'abord avec les yeux et les narines, avant d'y plonger la louche…

Dans mon village d'Esnandes, en Charente-Maritime, il n'est question que de moules de bouchots, ces pieux enfoncés profond dans la vase auxquels sont accrochés en noires écharpes les rutilants bivalves. À Charron, le village voisin, le mytiliculteur Teddy a ouvert un restaurant de dégustation près de ses bouchots. Longtemps je n'ai juré que par les moules Teddy, avec leur pointe généreuse de crème fraîche. Mais depuis que ma compagne Natalie – sans « h », mais avec panache – s'est mise en tête d'accommoder les moules à sa manière, juré, je suis accroc des moules Naty.

La recette ici révélée est le fruit d'un espionnage amoureusement industriel, ou plutôt artisanal, tant de fois répété dans notre maison du bord de mer.

Œuvres principales : *Rochelle* (1991), *Les Éphémères* (1994), *Cœur d'Afrique* (1997), *Nordeste* (1999), *Un territoire fragile* (2000), *Je pars demain*, (2001), *Caresse de rouge* (2004), *Korsakov* (2004).

Irène Frain

Irène Frain est née à Lorient. Agrégée de lettres classiques en 1972, elle commence à enseigner, notamment le latin à la Sorbonne, puis elle publie son premier roman, *Le Nabab,* en 1982. En 1989, *Secret de famille* reçoit le prix RTL grand public. Irène Frain collabore à de nombreux quotidiens et hebdomadaires dont *Paris Match*, où elle tient une rubrique de grands portraits de femme. Irène Frain voue une grande passion au chocolat et fait partie du fameux Club des croqueurs de chocolat.

Le canard aux pêches

Pour 6 personnes

1 bonne canette

8 pêches blanches

6 gousses d'ail

3 verres à liqueur de crème de pêche ou du Rinquinquin (alcool de pêche)

1 morceau de sucre (si nécessaire)

Gros sel de Guérande

Poivre concassé (3 tours de moulin)

- Préchauffez le four au maximum.
- Pochez les pêches en les plongeant 1 min dans de l'eau bouillante, puis épluchez-les avec soin sans les abîmer. Coupez-les en deux en extrayant le noyau avec la même précaution.
- Placez la canette dans un plat allant au four, mettez au four et faites dorer sur toutes les faces en la surveillant.
- Quand elle est parfaitement dorée, sortez-la.
- Videz alors la graisse puis remplissez le ventre de la moitié des gousses d'ail pelées, de poivre concassé et d'une poignée de gros sel.

• Arrosez (1 verre à liqueur) la peau encore chaude de la canette avec l'alcool de pêche. Vous répéterez cette opération deux autres fois durant la cuisson afin que la peau soit bien laquée.
• Replacez la canette dans le four, à four moyen. Selon le poids elle cuira encore entre 1 h et 1 h 30.
• Pendant la cuisson, outre les petits verres d'alcool sur la peau, vous renverserez aussi dans le plat, un verre d'eau deux ou trois fois de sorte que la canette demeure moelleuse.
• Vous allez ensuite jeter le reste des gousses d'ail pelées dans la sauce qui va ainsi se former sous la canette, un peu de sel, et peut-être un morceau de sucre.
• 10 min avant la fin de la cuisson, placez vos demi-pêches dans ce jus, tout autour de la canette, et saupoudrez-les d'une main très légère de sel et de poivre concassé.

Entre deux manipulations on peut faire autre chose mais je vous conseille de rester dans la cuisine, l'odeur sert de pilote automatique pour éviter de brûler la peau, et si vous brûlez la peau, vous raterez le laquage de la bête. Le nom de Rinquinquin existe, je ne l'ai pas inventé.

Le charme de cette recette tient d'un équilibre entre les saveurs d'ail, de poivre, de jus de canette, de sucre de pêche et d'alcool de pêche. On n'est pas obligé de trouver le bon dosage la première fois, c'est une question de feeling.

Normalement c'est à tomber. On vous en redemande, alors vous vous perfectionnez.

Œuvres principales : *Le Nabab* (1982), *Modern Style* (1984), *Désirs* (1987), *Secret de famille* (1989), *Devi* (1992), *Vive la mariée* (1993), *L'Homme fatal* (1996), *L'Inimitable* (1999), *La maison de la source* (1999), *La Fée chocolat* (2002), *Hommes, etc...* (2003), *Le Bonheur de faire l'amour dans sa cuisine et vice-versa* (2004).

Dan Franck

Après des études de sociologie à la Sorbonne, Dan Franck se consacre depuis plus de vingt-cinq ans à l'écriture. Il reçoit le prix du premier roman en 1980 avec *Les Calendes grecques*. Dan Franck écrit aussi avec Jean Vautrin ou Enki Bilal. Son roman *La Séparation*, sur la rupture amoureuse, traduit en dix-sept langues est adapté au cinéma par Christian Vincent. Dan Franck est également scénariste pour le cinéma et la télévision, *Jean Moulin* réalisé par Yves Boisset reçoit le prix du meilleur scénario de film de télévision au FIPA 2002.

La côte de bœuf au four
pour flemmard et carnivore (et ami)

• Achetez copieux : 300 g minimum par personne. Si l'animal est estampillé Salers, c'est mieux. Rapportez chez vous.
• Préchauffez votre four à 210 °C (th. 7). Sortez une planche à découper, deux cuillères en bois, un plat adéquat, une poêle, de l'huile, du gros sel.
• Posez la côte de bœuf sur la planche, salez-la et frappez-la pour faire pénétrer le gros sel dans la chair ; pas d'inquiétude ça ne fait pas mal.
• Retournez et recommencez.
• Mariez l'huile à la poêle. Quand c'est chaud, très chaud, invitez la viande. Ça doit fumer.
• À l'aide des cuillères en bois retournez et recommencez. Les ustensiles à bouts ronds en bois présentent un avantage sur les ustensiles pointus en fer : ils ne piquent pas. Il ne faut pas percer la croûte formée par le gros sel enrobant la viande.

• Ouvrez le four, glissez la viande dedans, patientez 15 min par livre, éteignez.
• Ouvrez la porte, laissez l'animal au chaud quelques instants : ainsi le sang converge vers le centre, ce qui vaut mieux, pour le goût comme pour le jaillissement intempestif.
• Posez sur la planche à découper, et faites-en bon usage. Il est préférable de couper en lamelles étroites, comme dans les meilleurs restaurants.

Invitez-moi au dessert.

Œuvres principales : *Les Calendes grecques* (1980), *La Dame de Berlin* (1991), *Mademoiselle Chat* (avec Jean Vautrin, 1996), *Tabac* (1997), *Les Adieux* (1998), *La Séparation* (1998), *Bohèmes* (1998), *Zidane roman d'une victoire* (1999), *Boro s'en va-t-en guerre* (avec Jean Vautrin, 2000), *Les Enfants* (2003), *Libertad !* (2004).

José Frèches

José Frèches est né à Dax. Il passe le concours de conservateur des musées de France à vingt ans : il est reçu premier. Il devient conservateur du Musée Guimet à la section Chine. Il intègre l'ENA et sort à la Cour des comptes en 1978. De 1986 à 1988, il est conseiller au cabinet du Premier ministre, en charge de l'audiovisuel et de la presse où il s'occupera de la privatisation de TF1. Il sera ensuite l'un des directeurs de Canal+ de 1988 à 1990. Il devient P.-D.G. du groupe de presse *Midi Libre* en 1998 jusqu'à 2000 avant de se mettre à son compte et de s'adonner enfin à sa passion d'écrire.

Salade de homard caramélisé
au gingembre

Pour 4 personnes

1 homard vivant
Du gingembre frais
5 morceaux de sucre
20 cl de sauce soja
2 cuil. à soupe d'huile d'olive

• Dans une petite casserole, faites caraméliser la sauce soja et les morceaux de sucre.

• Dans un wok, jetez le homard coupé en morceaux dans l'huile d'olive très chaude.

• Quand le homard est saisi, saupoudrez de gingembre râpé et faites revenir quelques minutes.

• Dressez sur une salade feuille de chêne assaisonnée à l'huile d'olive et au vinaigre balsamique. Salez et poivrez.
• Versez sur le homard la sauce soja caramélisée.

Cette recette aux teintes asiatiques vous fera voyager près de l'Impératrice de la Soie.
Mon conseil : soyez généreux avec le gingembre, et croyez-moi, la sauce au soja ne tue pas le goût du homard.

Œuvres principales : *Voyage au centre du pouvoir* (1989), *Le Poisson pourrit par la tête* (1992), *Les Chevaux célestes* (*Le Disque de Jade*, t. I, 2002), *Poisson d'or* (*Le Disque de Jade*, t. II, 2002), *Les Îles immortelles* (*Le Disque de Jade*, t. III, 2003), *Le Toit du monde* (*L'Impératrice de la soie*, t. I, 2003), *Les Yeux de Bouddha* (*L'Impératrice de la soie*, t. II 2004), *L'Usurpatrice* (*L'Impératrice de la soie*, t. III, 2004).

Max Gallo

Avant de publier *Napoléon* et *De Gaulle*, Max Gallo est l'auteur de nombreuses biographies (*Jaurès, Robespierre, Garibaldi* ...) et d'études d'ensemble comme *Les Clés de l'Histoire contemporaine*. Ses romans s'organisent souvent en suites romanesques : *La Baie des Anges*, Les *Hommes naissent tous le même jour* et *La Machinerie humaine*. Max Gallo a toujours conduit de front une œuvre de romancier, d'essayiste et d'historien. Il a été éditorialiste à *L'Express*, a dirigé la rédaction du *Matin de Paris*. Un temps député de Nice, sa ville natale, parlementaire européen, il a également été secrétaire d'État et porte-parole du gouvernement en 1983 et en 1984. Il se consacre désormais entièrement à l'écriture.

La salade de couleurs

Pour 2 personnes

6 tomates charnues et juteuses
1 branche de céleri
5 petits artichauts violets
10 radis
1 poignée de févettes (petites fèves) cuites
1 cuil. à soupe d'anchoïade
10 cl l'huile d'olive verte première pression
Sel, poivre

• Dans un saladier, commencez par verser l'huile d'olive verte.
• Coupez-y des petites rondelles de céleri. Ajoutez-y les artichauts également coupés en petits morceaux. Les radis entiers et la poignée de févettes.

• Mélangez-le tout avec l'anchoïade. Terminez en ajoutant les tomates coupées en quartiers.

• Rectifiez l'assaisonnement. N'hésitez pas à arroser à nouveau d'huile d'olive. Il faut beaucoup d'assaisonnement pour cette salade.

Pour moi, la cuisine est une affaire de couleur. C'est très important la couleur d'un plat. Cette salade du sud doit donc impérativement avoir tous les ingrédients cités.

Cette délicieuse salade se mange en toutes saisons, faites comme moi, mangez-la midi et soir.

Œuvres principales : *La Nuit des longs couteaux* (1971), *Le Cortège des vainqueurs* (1972), *La Baie des Anges* (3 volumes, 1975-1976), *Que sont les siècles pour la mer* (1977), *Les hommes naissent tous le même jour*, (2 volumes, 1978-1979), *La Route Napoléon* (1987), *La Machinerie humaine*, (10 volumes, 1992-1999), *Napoléon* (1987), *Bleu blanc rouge*, (3 volumes, 2000), *Victor Hugo*, (2 volumes, 2001), *César imperator* (2003), *Le Chaudron des sorcières* (2003), *L'Empire*, (2 volumes, 2004).

Thierry Gandillot

Thierry Gandillot est né à Paris. Diplômé en sciences économiques et politiques, il fut journaliste économique au *Nouvel observateur* avant de devenir rédacteur en chef des pages culturelles de *L'Express*. Il a publié plusieurs essais économiques avant de publier son premier roman *L'Héritage Windsmith* en 1996.

Coquilles Saint-Jacques flambées au whisky
sur une fondue de poireaux

Pour 6 personnes

18 coquilles Saint-Jacques (de préférence d'Erquy)
18 crevettes roses
50 g d'œufs de truite fumée
3 gousses d'ail
3 branches de persil plat
100 g de beurre
10 cl d'huile d'olive
2 cuil. à soupe de whisky
3 gouttes de Tabasco
Sel, poivre

Pour la fondue de poireaux :

2 kg de petits poireaux
50 g de beurre
10 cl de crème fraîche épaisse
Sel fin

• Commençons par la fondue de poireaux qui doit cuire assez longtemps, vous ferez les Saint-Jacques plus tard.
• Coupez les poireaux, c'est-à-dire enlevez une partie du vert et le bout du blanc. Lavez-les très délicatement pour être sûr d'enlever tout le sable, rien de pire que des poireaux mal lavés, pareil d'ailleurs pour les coquilles Saint-Jacques, mais vous verrez cela plus tard. Coupez-les en rondelles d'environ 1 cm.
• Mettez le beurre, du sel et les poireaux dans une sauteuse, et laissez cuire pendant 1 h à feu doux.
• Ajoutez la crème fraîche et faites cuire encore 1 à 2 min.
• Pendant la cuisson des poireaux, vous avez commencé à laver les coquilles Saint-Jacques très soigneusement. Puis vous les épongez avec du papier absorbant. Hachez le persil et l'ail, et réservez.
• Faites chauffer 80 g de beurre et l'huile d'olive dans une sauteuse et mettez-y les coquilles (noix et corail), l'ail, le persil, le Tabasco, du sel et du poivre pendant 5 min à feu vif, retournez à mi-cuisson.
• En même temps, mais séparément, faites sauter les crevettes décortiquées dans 20 g de beurre à feu vif.
• Dans une petite casserole réchauffez le whisky. Rassemblez enfin les coquilles et les crevettes dans la sauteuse et faites flamber en versant le whisky. Bien entendu au dernier moment.
• Dressez les poireaux au centre d'un plat, déposez les coquilles pardessus, parsemez des œufs de truite fumée.

Je vous conseille un sancerre blanc pour accompagner ce plat qui est un plat de grand chef, mais, chut, je ne peux pas vous dire lequel...

Œuvres principales : *L'Héritage Windsmith* (1996), *La Chambre de Barbe-Bleue* (1997), *Câline* (2000), *Code vaudou* (2002), *Les Locataires* (2003), *Légitime défiance* (2004).

Patrick Grainville

Patrick Grainville est né à Villiers. Il est agrégé de lettres et professeur. Il publie *La Toison* son premier livre en 1972. Il reçoit le prix Goncourt en 1976, pour *Les Flamboyants*.

Filets de sole à la sauce normande

Pour 4 personnes

8 filets de sole (75 g environ par personne), demandez au poissonnier les têtes et les arêtes

1 kg de moules

350 g de crevettes roses

2 échalotes

2 blancs de poireaux

1 carotte

5 brins de persil plat

25 cl de crème fraîche

50 g de beurre

1/2 bouteille de cidre brut

Sel, poivre

- Réalisez un fumet de poisson en faisant cuire pendant 15 min les têtes et arêtes des soles avec le cidre, du sel et du poivre.
- Coupez les blancs de poireaux en petits tronçons et taillez la carotte en bâtonnets.
- Émincez les échalotes et mettez-les à fondre dans une sauteuse avec le beurre.
- Ajoutez les carottes et les poireaux et faites-les revenir en remuant pendant 2 min.

• Versez le fumet de poisson, ajoutez la crème fraîche et laissez frémir 10 min.
• Entre-temps, lavez les moules et laissez-les s'ouvrir dans une casserole sur feu vif.
• Dès qu'elles ont un peu refroidi, sortez-les de leur coquille.
• Filtrez le jus et versez les moules dans la sauteuse avec les crevettes décortiquées.
• Roulez les filets de sole en les maintenant avec une pique en bois. Placez-les dans la sauteuse avec les moules et le persil ciselé.
• Couvrez, et laissez cuire à feu très doux pendant 10 min.

C'est la garniture de crevettes et de moules dans une sauce à la crème qui justifie l'appellation « normande » de ces filets de sole, typiques de la côte normande de Dieppe ou de Trouville.

J'aime la sauce moelleuse et musquée de cette recette. Ce goût piquant, soyeux et velouté est un goût précieux de mon enfance. Je mange finalement rarement ce plat, c'est dommage, car c'est vraiment mon plat préféré.

Œuvres principales : *La Toison* (1972), *La Lisière* (1973), *L'Abîme* (1974), *Les Flamboyants* (1976), *La Diane rousse* (1978), *Le Dernier Viking* (1980), *Les Forteresses noires* (1982), *Le Paradis des orages* (1986), *L'Atelier du peintre* (1988), *L'Orgie, la Neige* (1991), *Colère* (1991), *Les Anges et les Faucons* (1994), *Le Lien* (1996), *Le Tyran éternel* (1998), *L'Atlantique et les Amants* (2002), *La Joie d'Aurélie* (2004).

Alexandre Jardin

Alexandre Jardin suit les traces de son père, disparu en 1980, en se lançant dans l'écriture après avoir obtenu son diplôme de sciences politiques.

Mais c'est pendant ses études qu'il écrit son premier roman *Bille en tête* pour lequel il reçoit le prix du Premier roman en 1986. Ensuite, il publie *Le Zèbre*, prix Femina 1988 et *Fanfan* qu'il adapte lui-même à l'écran. En 1997, il écrit *Le Zubial*, roman autobiographique sur son père, l'écrivain Pascal Jardin qui avait fait de même en écrivant *Le Nain Jaune*.

Les beignets de roses aux larmes de filles

• Prenez 1 bouquet de roses fraîches destiné à une femme convoitée.
• Retirez avec soin le pistil et l'intérieur des roses pour ne conserver que la corolle parfumée.
• Rompez brutalement avec votre compagne, femme légitime ou maîtresse.
• Puis recueillez avec tact les larmes de l'intéressée. Cette opération délicate peut être réalisée à l'aide d'une ancienne lettre d'amour que vous prendrez soin de rouler pour former un cône. Si les pleurs de la créature quittée ne sont pas assez abondants, susurrez-lui quelques atrocités dans l'oreille. Mais prenez garde de ne pas trop la mortifier ; un excès d'humiliation pourrait tarir les larmes.
• Plongez les roses évidées dans ce bain de larmes de fille et laissez-les mariner une bonne heure.
• Si la quantité de larmes se révèle insuffisante, quittez le même jour votre épouse et votre maîtresse. Deux éplorées suffiront toujours pour réussir cette recette.

• Pendant que les roses marinent, cassez du sucre sur le dos de votre belle-mère. Vous en aurez besoin à la fin pour saupoudrer sur les fleurs un parfum d'amertume.
• Cassez 2 œufs, battez-les avec vigueur et plongez les roses dans la préparation. Puis faites les frire jusqu'à dessécher totalement ces preuves d'amour.
• L'expérience montre que ce plat est indigeste, quelle que soit l'adresse du cuisinier.
Nous recommandons d'aimer toujours la même femme, jusqu'à l'ivresse.

Plus sérieusement, voici une variante un peu plus facile à réaliser :

Beignets aux parfums de rose

Pour 8 personnes

250 g de farine
50 g de beurre
2 œufs
3 cl d'extrait de pétales de roses
1 pincée de sel
50 g de sucre en poudre
De l'huile pour friture

• Faites ramollir le beurre.
• Dans un saladier, disposez la farine en fontaine, ajoutez le sel, le beurre, les œufs battus, l'extrait de pétales de roses.
• Mélangez jusqu'à l'obtention d'une pâte consistante.
• Formez une boule et laissez reposer 2 h au moins au frais dans une terrine.
• Faites chauffer l'huile.

• Étalez la pâte sur une planche en bois farinée sur une épaisseur de 5 mm.
• Coupez en formes de pétales de roses.
• Plongez les beignets dans la friture très chaude (elles doivent remonter rapidement si l'huile est suffisamment chaude) par petites quantités, retournez-les une fois jusqu'à ce qu'ils soient blonds à point et égouttez-les sur du papier absorbant.
• Saupoudrez de sucre en poudre. Servez accompagné d'une boule de glace à la violette par exemple.

Œuvres principales : *Bille en tête* (1986), *Le Zèbre* (1988) *Fanfan* (1992), *Le Petit sauvage* (1992), *L'Île des gauchers* (1995), *Le Zubial* (1998), *1+1+1...* (2002), *Mademoiselle Liberté* (2002), *Les Coloriés* (2004).

Serge Joncour

Parisien de souche, Serge Joncour a exercé de nombreux métiers : maître-nageur, livreur de journaux, cuisinier, rédacteur publicitaire... Il a également beaucoup voyagé avant de se consacrer entièrement à l'écriture. En 2003, son roman *U.V.* lui vaut le prix France Télévision.

Le véritable carpaccio de bœuf

Pour 4 personnes

150 g de fines tranches de bœuf de Salers (idéalement) sinon du fondu
1 bon morceau de parmesan
3 brins de basilic frais
1 salade roquette
1 citron vert
10 cl d'huile d'olive
Fleur de sel de Guérande
Poivre

• Faites préparer par votre boucher préféré des fines tranches de bœuf.
• Mettez la viande 10 min dans le compartiment à glace de votre réfrigérateur afin qu'elle soit saisie.
• Préparez 4 assiettes individuelles que vous nappez légèrement d'huile d'olive.
• Déposez délicatement les fines tranches de bœuf dans les assiettes et versez à nouveau un mince filet d'huile d'olive sur la viande.
• Râpez des copeaux de parmesan au-dessus de la viande, parsemez de basilic frais.

• Terminez avec de la fleur de sel de Guérande et du poivre.
• Déposez quelques feuilles de roquette au centre de l'assiette.
• Servez immédiatement en proposant à chaque personne du citron vert.

Vous venez de réaliser mon plat préféré. Facile, allez-vous penser. Et bien c'est toujours ce genre de plats dits « faciles à faire », qui, par quelques détails bien précis deviennent de véritables délices. Oubliez de mettre la viande au réfrigérateur avant et vous verrez...

Œuvres principales : *Vu* (1998), *Kenavo* (2000), *Situations délicates* (2001), *In vivo* (2002), *U.V.* (2003), *L'Idole* (2004).

Jean-Marie Laclavetine

L'enfance de Jean-Marie Laclavetine a été nourrie par la lecture de François Mauriac. Il publie son premier roman à vingt-six ans, *Les Emmurés* et obtient le prix Fénéon. Auteur d'une dizaine de romans, il a consacré un recueil de nouvelles, *Le Rouge et le blanc*, à l'univers du vin et a été récompensé par le Grand prix de la nouvelle de l'Académie française. En 1999, *Première ligne* lui vaut le prix Goncourt des lycéens. Jean-Marie Laclavetine est également traducteur de l'italien, il a notamment traduit Savinio, Borgèse, Sciascia et Brancati. Aujourd'hui, il fait partie du comité de lecture des éditions Gallimard et pêche dans la Loire.

Le brochet au beurre d'échalotes

Pour 4 personnes

• Faites cuire le brochet que vous avez acheté si vous ne l'avez pas pêché, dans un court-bouillon préparé avec des herbes du jardin, ou à défaut avec un bouquet garni. Le bouillon doit être bien relevé. Ajoutez aussi quelques oignons coupés en morceaux et 1 ou 2 clous de girofle.
• Coupez très finement des petites échalotes grises.
• Dans une casserole, faites réduire à feu doux les échalotes hachées dans un verre de vin blanc sec.
• À feu vif, incorporez un gros morceau de beurre en battant énergiquement avec un fouet. Le beurre doit entrer en ébullition : c'est à ce moment que l'émulsion du beurre blanc se réalise. Ôter du feu dès que la sauce nappe la cuillère.
• Servez la sauce sans enlever les échalotes.
• Servez accompagné d'un vouvray demi-sec ou d'un montlouis.

Le brochet est un délicieux poisson
de rivière, un magnifique poisson sauvage
à la chair puissante et ferme. Il surpasse
en finesse bien des poissons de mer.
La perfection : prendre un brochet au
crépuscule, le rapporter presque vivant
jusqu'à la cuisine. Appeler les copains,
et le temps qu'ils arrivent, le préparer
ainsi... Un bonheur !

Œuvres principales : *Les Emmurés* (1981), *Loin d'Aswerda* (1982), *La Maison des absences* (1984), *Donnafugata* (1987), *Conciliabule avec la reine* (1989), *En douceur* (1991), *Le Rouge et le Blanc* (1994), *Demain la veille* (1995), *Première ligne* (1999), *Le Pouvoir des fleurs* (2002), *Trains de vie* (2003), *La Loire : 1000 kilomètres de bonheur* (2004), *Matins bleus* (2004).

Pascal Lainé

Pascal Lainé remporte le prix Médicis en 1971 avec *L'Irrévolution*, et le prix Goncourt avec *La Dentellière* en 1974. Une vingtaine de romans et d'années plus tard, il revient à ses premières amours, la philosophie.

Le snack Pascal Lainé

- Prenez du pain bien frais, 1 oignon et 1 tomate.
- Coupez l'oignon en morceaux, la tomate en quartiers.
- Versez de l'huile d'olive première pression dans un petit bol.
- Trempez le pain dans l'huile d'olive.
- Croquez dans un morceau de tomate ou d'oignon en mangeant ce pain à l'huile.
- Buvez un verre de graves pour adoucir ce goût…

J'insiste : à n'importe quelle heure de la journée, c'est le meilleur de tous les encas.

Œuvres principales : *L'Irrévolution* (1971), *La Dentellière* (1974), *La Femme et ses images* (1974), *Si on partait...*(1978), *Tendres cousines* (1979), *Terre des ombres* (1982), *Jeanne du bon plaisir ou les hasards de la fidélité* (1984), *Dîner d'adieu* (1984), *Monsieur vous oubliez votre cadavre* (1987), *Dialogues du désir* (1992), *Collision fatale* (1994), *Le Commerce des apparences* (1997), *Il ne s'est rien passé* (1998), *Casanova, dernier amour* (2000), *Quatre femmes* (2000), *Sacré Goncourt !* (2000), *Derniers jours avant fermeture* (2001), *Votre livre de la semaine* (2002), *La Presque reine* (2003), *La Légende vraie d'Evita* (2004).

Michel Le Bris

Michel Le Bris est né à Plougasnou. Écrivain et philosophe, il a participé à de grandes aventures dans le monde de la presse puisqu'il a été co-fondateur du journal « *J'accuse* » en 1972 et co-fondateur de *Libération*, avant d'être l'auteur d'une chronique dans *Le Nouvel Observateur* de 1978 à 1986. De 1979 à 1981, il devient conseiller littéraire aux éditions Grasset, puis directeur des programmes de FR3 Bretagne-Pays de Loire de 1983 à 1986. Il est également le fondateur de la revue littéraire *Gulliver* ainsi que du Festival des Étonnants Voyageurs à Saint-Malo depuis 1990. Il est aujourd'hui conseiller aux éditions Phébus.

Cul de veau à l'angevine

Il va sans dire qu'aujourd'hui je mange léger, affectionne les légumes, de préférence à la vapeur, m'enivre des saveurs d'une simple courgette, trouve des vertus insoupçonnées à l'eau claire. Raison de plus pour vous livrer ici un plat qui avec le recul, pris dans le halo doré de la nostalgie, prend pour moi (et prendra pour vous, j'en fais le pari) les saveurs délicieuses du péché.

Je vous aurais bien proposé, dans une veine plus rustique, une recette bretonne que je ne pratique plus depuis longtemps pour des raisons faciles à deviner : la bouillie d'avoine préalablement surie, cuite (salée, bien sûr) dans une vaste cocotte. À l'instant de servir, chaude encore dans son récipient de cuisson posé au milieu de la table, on enfonçait en son centre un bol d'un demi-litre, rempli d'eau froide, qu'on enlevait au bout de quelques minutes, et dans le cratère ainsi formé la maîtresse de maison versait une bonne livre de beurre roussi (demi-sel, évidemment), puis chacun saisissait sa cuillère, prélevait de la bouillie sur le bord de la cocotte, la trempait dans le beurre brûlant, puis dans un bol de lait ribot (babeurre) bien frais. L'air marin étant vif, il fallait bien compter un kilo de bouillie par convive. Le reste, s'il y en avait, était coupé en tranches le lendemain matin, pour le petit déjeuner des survivants, frit à la poêle dans une petite louche de beurre. Je vous parle bien sûr d'un temps d'innocence, quand les calories n'existaient pas encore.

Ne souhaitant pas être inculpé d'homicide, je vous proposerai une recette plus civilisée : le cul de veau (cette partie délicieuse dite aussi « quasi » située juste au-dessus de la noix) préparée à l'angevine, avec une petite touche « à ma façon »).

Simple d'exécution, elle demande tout de même une certaine minutie, prend du temps (mais il s'agit, n'est-ce pas, de cuisine, pas d'alimentation ?) et surtout exige une belle qualité des produits, à commencer par celle du veau. Que vous choisirez « bio », évidemment, ou alors, passez votre chemin.

Pour 4 à 6 personnes
1,5 kg de cul de veau
4 à 6 feuilles de lasagnes
2 kg d'oseille
40 à 60 petits oignons grelots (une dizaine par personne)
1 bouquet de fines herbes (cerfeuil, ciboulette, persil, estragon)
1 carotte
1 gros oignon
200 g de beurre
30 cl de crème fraîche épaisse
30 cl de vin blanc (vouvray sec, par exemple, ou anjou blanc)
3 cuil. à soupe de sucre en poudre
2 bonnes tasses de bouillon
Sel, poivre

• Choisissez un bon vin blanc : par exemple un vouvray sec de grande qualité. Le résultat serait sans doute le même avec un vouvray moyen ou un anjou blanc, mais comme la recette prend tout de même un peu de temps (30 min de préparation, 2 h 30 de cuisson) et que je vous soupçonne d'une capacité de résistance à la tentation comparable à la mienne, c'est-à-dire assez faible, il est prévisible que vous boirez en chemin le reste de la bouteille. C'est pourquoi je suggère un vouvray sec domaine Huet « Le Mont » 2000, cultivé en biodynamie : du gras, un nez intense de pêches, de prunes, de pommes et de poires, de la fraîcheur et une belle longueur en bouche, une petite merveille. Ou encore, pour un moment rare d'émotion, un vouvray demi-sec Huet « Clos du bourg » 2001 (soit dit en passant, le moelleux Clos du bourg 1997 est à ranger dans les « vins du siècle »). Il est vrai que le prix va avec. Où en étions-nous ? Ah oui, le cul de veau.

• Posez la pièce de veau bien à plat sur un torchon, enduisez-la généreusement de beurre, salez et poivrez, avant de la frotter de vos fines herbes préalablement hachées. Roulez-la ensuite, afin que les herbes se trouvent prises à l'intérieur de la pièce et ficelez-la.

• Faites bouillir 15 cl de vouvray avec 1 grosse cuil. à soupe de sucre en poudre. Réservez sur un coin de fourneau.

• Pendant ce temps, faites revenir la viande (ainsi que la carotte et le gros oignon préalablement émincés) jusqu'à obtenir une belle couleur dorée, dans une cocotte où vous aurez fait chauffer 50 g de beurre.

• Quand la viande est dorée, versez sur elle le vin, et laissez cuire, la cocotte ouverte, jusqu'à ce que le vin, réduit, commence à caraméliser au fond du récipient.

• Faites bouillir la moitié restante de votre vin, que vous versez tel quel sur la viande. Ajoutez le bouillon (l'idéal serait bien sûr d'avoir préparé vous-même un bouillon de veau, mais on en trouve dans le commerce de tout à fait convenable) salez, poivrez, et couvrez. **Tout, ou presque, se joue à ce moment** : la cuisson doit être la plus lente, la plus douce possible, à peine un frémissement, de sorte qu'elle puisse durer 2 h 30 au moins.

Vous avez gagné, me semble-t-il, le droit de vous verser alors un bon verre de vouvray frais, et de considérer paisiblement la conjoncture, en humant les arômes envahissant peu à peu la cuisine, avant d'entreprendre la suite, autrement dit de préparer les garnitures.

La recette traditionnelle propose de quasi caraméliser quelques poignées de petits oignons grelots (prévoir large : ainsi préparés, ils sont à hurler de bonheur) et de compenser la douceur de la recette par la pointe d'acidité d'un plat d'oseille. L'idée est bonne, mais j'y ajoute pour ma part, un petit péché supplémentaire (au point où nous en sommes !) des lasagnes cuites dans le jus de la préparation.

• Les oignons. Une fois épluchés avec délicatesse, placez-les dans une casserole, avec 1 généreuse cuil. à soupe de beurre (allez ! par prudence rajoutez-en une deuxième) 2 cuil. à soupe de sucre en poudre, salez, poivrez, recouvrez-les d'eau (pas trop) et portez à ébullition. Baissez le feu, pour éviter une cuisson trop brutale, laissez réduire jusqu'à ce que, l'eau évaporée, sucre et beurre caramélisent gentiment au fond de la casserole. Retirez du feu en agitant à gestes doux le récipient jusqu'à ce que les oignons se trouvent tous bien enrobés.

Un verre de vouvray frais vous mettra dans les meilleures dispositions pour entamer la suite.

• La fondue d'oseille. Faites fondre 30 g de beurre dans une cocotte, ajoutez l'oseille préalablement lavée, égouttée et hachée sans excès (n'oubliez pas d'ôter les tiges !). Couvrez et faites cuire à feu doux, en ajoutant de temps en temps un peu d'eau chaude, juste pour éviter que l'oseille prenne au fond. Salez, poivrez, et liez avec de la crème fraîche en battant vivement au fouet pour empêcher l'ébullition. Versez dans un plat d'accompagnement.

P.S. : Certains battent 2 jaunes d'œufs avec la crème, avant la liaison (ce qui rend plus nécessaire encore d'éviter l'ébullition !) mais la crème suffit, à mon avis. D'autres ajoutent des tranches de pain, dorées à la poêle dans du beurre et de l'huile, mais elles sont rendues inutiles si vous reprenez mon idée de lasagnes.

• Les lasagnes, donc. Au bout de 2 h 30 de cuisson, la viande est parfaitement cuite, fondante, au point que vous pouvez la couper à la cuillère (un peu comme le gigot de sept heures). Ôtez-là du feu et placez-là sur un plat, à l'entrée du four.

Comme vous l'avez accompagnée dans sa préparation d'un peu plus de vouvray qu'indiqué dans la recette traditionnelle, la sauce est suffisamment abondante pour que vous puissiez y glisser vos feuilles de lasagnes, et les cuire ainsi plutôt que dans de l'eau bouillante.

Cuites *al dente*, gorgées de tous les sucs de la préparation, elles suscitent en général à table un silence affairé, ponctué de petits râles de jouissance qui, par les temps qui courent, éveilleront les pires soupçons chez vos voisins.

Mais n'anticipons pas : il vous reste encore une opération.

• Les lasagnes ôtées, vous rajoutez le reste du beurre et les petits oignons dans la sauce, laissez frémir 1 min ou 2, et nappez-en la viande avant de servir.

Le même vouvray blanc, sec ou demi-sec, me paraît le choix le plus judicieux.

Si vos convives manifestent une préférence pour le vin rouge, je vous suggère une rareté, que vous pouvez trouver aux Gourmets Lafayette si vous savez amadouer le maître des lieux, Bruno Quegnoux : l'anjou rouge « La Non Pareille », une cuvée de folie de Patrice Monmousseau qui laissera l'assemblée stupéfaite – vous n'imaginiez pas jusque-là que l'Anjou peut donner pareil vin. Ou bien alors, autre splendeur, un chinon « Les Grézeaux » 1996 ou 1997, de Bernard Baudry.

Œuvres principales : *Les Fous du Larzac* (1975), *L'Homme aux semelles de vent* (1977), *La Porte d'or* (1986), *D'or de rêves et de sang* (2000), *Étonnants voyageurs* (2000), *Pirates et flibustiers des Caraïbes* (2001), *Les Mondes Dogon* (2002), *Le Défi romantique* (2002), *Pirates* (2002).

François Lelord

François Lelord est psychiatre et écrivain. Il a commencé sa carrière d'écrivain en publiant plusieurs ouvrages en relation avec sa pratique initiale : *Les Contes d'un psychiatre ordinaire*, ou encore *Comment gérer les personnalités difficiles, La Force des émotions, L'Estime de soi* en collaboration avec Christophe André. Puis il s'est senti de l'appétit pour le conte et le roman. Aujourd'hui, il collabore régulièrement à *Lire* et au *Figaro Littéraire*, et participe à l'écriture de fictions télévisuelles.

Artichauts de Dalat effeuillés
en vinaigrette de clams iodée

Pour 4 personnes

4 beaux artichauts camus
1 cuil. à soupe d'échalotes hachées
1 cuil. à café de persil haché
1 kg de clams moyens
25 g de corail d'oursin
20 g d'œufs de saumon
1 cuil. à soupe d'huile d'olive
50 g de beurre
50 g de crème fraîche
10 cl de vin blanc sec
1 cuil. à café de moutarde de Meaux
1 cuil. à soupe de vinaigre de xérès
1 pincée de carry en poudre
4 longues tranches de pain de campagne
Sel, poivre

• Faites cuire les artichauts dans de l'eau bouillante pendant 45 min.
• Faites sauter les clams à l'huile d'olive avec les échalotes hachées, le carry, le beurre et la crème fraîche.
• Ajoutez le vin et la moutarde. Salez, poivrez. Laissez cuire quelques minutes.
• Enlevez les clams, récupérez le jus de cuisson.
• Faites réduire ce jus. Ajoutez du corail d'oursin (gardez-en un peu pour les toasts), les œufs de saumon, le persil haché et le vinaigre de xérès.
• Pour finir : effeuillez chaque fleur d'artichaut, disposez-la dans une assiette creuse, déposez le fond d'artichaut et les clams au milieu avec leurs coquilles, nappez de sauce.
• Décorez chaque assiette d'une longue tranche de pain de campagne toastée et tartinée de corail d'oursin.

C'est un soir au bar de l'hôtel Métropole de Hanoi que je fus convié à partager ce plat, recette du chef cuisinier de cet hôtel historique, le Breton et renommé Didier Corlou. La tablée se composait de quelques mousquetaires de bonne compagnie, occupés dans la journée à lutter contre une épidémie, ce qui ne les empêchait pas, le soir venu, d'apprécier les joies de l'amitié et de la bonne chère sous le ciel étoilé de la nuit tonkinoise.

Œuvres principales : *Contes d'un psychiatre ordinaire* (1993), *Comment gérer les personnalités difficiles* (1996), *L'Estime de soi* (1999), *La Force des émotions* (2001), *Ulik au pays du désordre amoureux* (2003), *Le Voyage d'Hector ou Le secret du bonheur* (2004).

Marc Levy

Né dans les Hauts-de-Seine, Marc Levy quitte la France pour les États-Unis à vingt-trois ans. Il y reste pendant sept ans et rentre à Paris avec le projet de créer un cabinet d'architecture. Il en sera le directeur pendant près de dix années. Marc Levy se met à l'écriture en amateur, pour finalement envoyer son manuscrit à plusieurs éditeurs. Ce sont les éditions Robert Laffont qui le contacteront. Son premier roman *Et si c'était vrai...* est aussi bien accueilli par le public que par la critique. Depuis ce succès, il se consacre entièrement à l'écriture et entraîne le lecteur dans un univers où tout est possible.

Tarte aux cookies et au chocolat
sans cuisson

Pour 4 personnes

300 g de cookies de bonne qualité + quelques-uns pour la déco
300 g de chocolat dont 100 g de chocolat noir aux éclats de caramel
(moi, je prends 100 g de chocolat noir, 100 g de chocolat au lait
et 100 g de chocolat noir aux éclats de caramel)
250 g de crème fraîche
80 g de beurre
20 g de sucre en poudre

• Dans un bol, éclatez les cookies à la fourchette.
• Faites fondre le beurre et versez-le sur les cookies émiettés. Ajoutez le sucre et mélangez jusqu'à l'obtention d'une pâte. Si vous trouvez que les cookies sont déjà très sucrés n'ajoutez pas le sucre.

• Dans un plat à tarte en porcelaine, versez la pâte en la répartissant très soigneusement sur les bords et dans le fond, il faut que la préparation déposée dans le moule soit d'une épaisseur de 1 cm environ.
• Mettez ensuite le moule au congélateur pendant au moins 3 h.
• Pendant ce temps, faites fondre le chocolat, ajoutez-y la crème fraîche et laissez à température ambiante.
• 3 h plus tard, sortez le moule du congélateur et versez-y la préparation au chocolat.
• Reprenez 3 ou 4 cookies, écrasez-les à la fourchette et parsemez-les sur le dessert.
• Réservez le dessert au réfrigérateur pendant encore 3 ou 4 h.
• Servez directement dans le moule.

Fondants au chocolat

Pour 4 personnes
300 g de chocolat noir à 70 % de cacao
6 œufs entiers
100 g de beurre + un peu pour les ramequins
100 g de sucre en poudre
70 g de farine + un peu pour les ramequins

Pour servir
4 boules de glace à la vanille
4 feuilles de menthe
Un peu de cacao amer

• Faites fondre le chocolat au bain-marie. Ajoutez le beurre.
• Quand le beurre est parfaitement fondu et mélangé au chocolat versez le sucre. Mélangez encore.

• Retirez du feu et ajoutez progressivement la farine tamisée à cette préparation. Et enfin les œufs entiers.
• Beurrez des petits ramequins (si possible en téflon, le verre se démoulant un peu moins bien, enfin c'est mon avis), et farinez-les.
• Versez la préparation dans chaque petit ramequin. Réservez pendant 1 h minimum.
• Pendant le dîner, préchauffer votre four à 240 °C (th. 8).
• 15 min avant le dessert mettez les petits ramequins dans le four, laissez-les cuire 7 à 8 min (moi c'est plutôt 8).
• Sortez les petits ramequins du four et laissez-les refroidir pendant 5 min. Puis trempez-les dans une casserole remplie d'eau froide pour faciliter leur démoulage.
• Les petits fondants seront donc à l'envers, posez délicatement une boule de glace à la vanille sur chacun, ajoutez une feuille de menthe, saupoudrer de cacao… J'adore.

Comme j'aime énormément faire la cuisine et que je voyage beaucoup, je me déplace toujours avec dans mon agenda mes recettes préférées. Elles ne me quittent jamais. Je vous livre celles-ci car le chocolat c'est un peu mon péché mignon.

Œuvres principales : *Et si c'était vrai...* (2000), *Où es-tu ?* (2001), *Sept jours pour une éternité* (2003), *La Prochaine fois* (2004).

Pierre Miquel

Agrégé d'histoire, Pierre Miquel est historien et professeur à la Sorbonne. En 1987, il présente une série d'émissions sur France Inter *Les Oubliés de l'Histoire* qui obtient un énorme succès auprès des auditeurs. Il est l'auteur d'un très grand nombre d'ouvrages d'histoire et notamment de *L'Histoire de la France* et de *L'Histoire de l'Antiquité* qui l'ont rendu célèbre auprès du grand public.

La tourte aux pommes de terre et aux lardons

Pour 6 personnes

2 pâtes feuilletées prêtes à dérouler
20 cl de crème fraîche épaisse
Beurre
200 g de lardons
1 kg de pommes de terre
5 échalotes
Noix muscade
Sel, poivre

• Épluchez les pommes de terre et coupez-les en rondelles.
• Faites revenir les échalotes épluchées et hachées dans un peu de beurre.
• Dans un moule à tarte, placez une des pâtes feuilletées.
• Placez ensuite les rondelles de pommes de terre sur la pâte. Salez, poivrez.
• Mettez de la noix muscade râpée à votre goût et recouvrez avec les lardons et les échalotes.

• Recouvrez le tout avec la seconde pâte feuilletée en collant les 2 pâtes sur les bords.
• Faites cuire dans un four préchauffé à 220 °C (th. 7-8) pendant 45 min environ.
• Servez ce plat avec la crème fraîche et une salade verte.

Vous allez manger mon plat préféré, un plat simple de ma région. Servez-le avec un vin rouge puissant. N'hésitez pas à y ajouter votre touche personnelle.

Œuvres principales : *Histoire de la France* (1976), *La Grande Révolution* (1980), *Les Aristots* (2000), *Les Poilus* (2000), *Les Rois de l'Élysée* (2001), *Deux siècles de Légion d'honneur* (2002), *Les Oubliés de la Somme* (2003), *Mourir à Verdun* (2003), *La Bataille de la Marne* (2003), *L'Enfer des Dardanelles* (*La Poudrière d'Orient*, t. I, 2004), *Le Vent mauvais de Salonique* (*La Poudrière d'Orient*, t. II, 2004), *Le Guêpier macédonien* (*La Poudrière d'Orient*, t. III, 2004), *La Grande Guerre* (2004).

Martin Monestier

Écrivain, journaliste, photographe et grand voyageur, Martin Monestier est constamment en quête d'originalité. Sous sa plume même les mouches deviennent les plus terribles des prédateurs. En plus de son activité de romancier, Martin Monestier collabore régulièrement à différentes émissions de télévision et de radio.

Sauce Otis O'Toole

1er prix d'un concours international de cuisine en Australie

Pour 8 personnes

(sauce pour 1 cuisse et 2 avant-bras)
300 g de viande hachée par invité
1 oignon émincé, 3 gousses d'ail émincées
2 tasses de concentré de tomate
5 cuil. à soupe de vinaigrette
5 cuil. à soupe d'huile végétale
10 cuil. à soupe de sucre roux en poudre
5 cuil. à soupe de piment rouge en poudre
1 cuil. à soupe de Worcestershire sauce
1 pincée de poivre
3 cuil. à soupe de vodka

• Mettez tous les ingrédients dans une grande casserole, portez à ébullition et remuez sans cesse. Quand la sauce est bien liée, mélangez-la à… un plat de spaghettis.

Œuvres principales : *Suicides* (1995), *Les Monstres* (1996), *Les Animaux soldats* (1996), *Jacques Brel* (1998), *Les Mouches* (1999), *Les Seins* (2001), *La Callas de l'enfer à l'Olympe* (2002), *Les Poils* (2002), *Faits divers* (2004).

Christine Orban

Christine Orban est née et a été élevée à Casablanca. Après son bac, elle quitte le Maroc pour faire des études de droit à Paris. En 1986, paraît son premier roman *Les Petites filles ne meurent jamais.* L'écriture est devenue son activité principale, et elle collabore à *Paris Match* depuis de nombreuses années.

Les pâtes du dimanche soir
sauce au basilic et aux noix

Pour 4 personnes

500 g de spaghettis
1 oignon
3 gousses d'ail
1 gros bouquet de basilic frais
10 noix
200 g de parmesan râpé
25 cl d'huile d'olive
Sel, poivre du moulin

- Épluchez l'oignon, décortiquez les noix et coupez les gousses d'ail en morceaux.
- Mettez tous les ingrédients dans un robot : mixer jusqu'à l'obtention d'une sauce épaisse.
- Faites cuire les pâtes *al dente*.
- Mélanger la sauce aux pâtes, servez immédiatement.
- Cette sauce peut être préparée à l'avance. Il ne vous reste plus qu'à faire cuire les pâtes et vous avez un festin du dimanche soir.

Mon gâteau au chocolat

Pour 6 personnes

2 tablettes de chocolat noir de 200 g chacune

200 g de beurre ramolli

3 œufs

200 g de sucre en poudre

2 cuil. à soupe de farine

- Préchauffez le four à 150 °C (th. 5).
- Mettez tous les ingrédients dans le bol d'un mixeur. Mixez le tout.
- Beurrez un moule et versez-y la préparation.
- Mettez au four, et faites cuire pendant 35 min.
- Attendez que le gâteau refroidisse avant de le servir.

Je ne suis pas la plus grande cuisinière de la terre, je le reconnais bien volontiers. Mais j'ai comme cela deux ou trois plats que j'aime par-dessus tout. Cette sauce et mon fondant au chocolat en font partie. Alors même si vous n'êtes pas la plus grande cuisinière de la terre vous non plus, je peux vous assurer que vous réussirez ces deux plats, et vos amis en seront épatés.

Œuvres principales : *Les Petites filles ne meurent jamais* (sous le nom de Christine Rheims, 1986), *Le Fil de soi* (sous le nom de Christine Rheims, 1988), *Une année amoureuse de Virginia Woolf* (sous le nom de Christine Duhon, 1990), *La Femme adultère* (1992), *Le Collectionneur* (1994), *Une folie amoureuse* (en collaboration avec Olivier Orban, 1997), *L'Âme sœur* (1998), *Ungaro* (1999), *L'Attente* (1999), *J'étais l'origine du monde* (2000), *Fringues* (2002), *Le Silence des hommes* (2003), *La Mélancolie du dimanche* (2004).

Jean Orizet

Jean Orizet est né à Marseille. Ses nombreux voyages lui ont inspiré une vingtaine d'ouvrages en prose et en vers, et ont fait de lui un poète humaniste. Il dirige aujourd'hui les éditions du Cherche Midi, et continue son activité journalistique de critique et de chroniqueur la *Revue des Deux Mondes,* au *Figaro*, à l'*Express* et au *Nouvel Observateur*. Il a également publié une dizaine d'anthologies.

Bœuf en daube à la provençale

Pour 6 à 8 personnes

2 kg de bœuf, gîte à la noix, macreuse ou culotte, taillés en cubes de 100 g chacun environ
1 pied de veau refendu (pour l'onctuosité)
1 oignon
1 bouquet garni (persil plat et frisé, thym, laurier)
2 cuil. à soupe d'huile d'olive
Sel, poivre

Pour la marinade :
4 oignons
2 carottes coupées en quatre dans le sens de la longueur
3 gousses d'ail en chemise
1 orange non traitée (zeste), 1 citron (jus)
1 bouteille de bon vin rouge assez puissant et tannique
(côtes-de-provence, côteaux-d'aix, languedoc-roussillon ou côtes-du-rhône)
1 verre de vinaigre de vin
1 clou de girofle
Sel, poivre

• Disposez les morceaux de viande dans un plat creux avec tous les ingrédients de la marinade en veillant à ce que celle-ci recouvre bien la viande.

Laissez mariner 5 à 6 h (une nuit si possible) en retournant les morceaux au moins une fois.
• Retirez les morceaux, essuyez-les.
• Dans une cocotte, faites roussir légèrement dans l'huile d'olive 1 oignon coupé en quatre avant d'y placer les pièces de viande.
• Faites-les revenir en les retournant de temps à autre pendant 15 min.
• Ajoutez ensuite le bouquet garni, le pied de veau et mouillez avec la marinade, filtrée auparavant.
• Laissez cuire à feu doux, couvert, pendant au moins 3 ou 4 h. Quand la marinade aura réduit, rajoutez de l'eau si nécessaire.
• Retirez le pied de veau et le bouquet garni. Rectifiez l'assaisonnement.
• Faites éventuellement une liaison pour la sauce si vous la voulez bien onctueuse. Terminez la cuisson et disposez-le tout dans un plat creux.
• Servez très chaud en passant le plat au four ou, à la rigueur, au micro-ondes.
• Selon les goûts, vous accompagnez le bœuf en daube de pommes de terre vapeur, égayées de persil ciselé ou de macaronis parsemés, au dernier moment, de parmesan ou de gruyère râpé.
• Le vin choisi pourra être le même que celui de la marinade. Sinon, je suggère un girondas, un vacqueyras, un bandol ou un cassis rouge. Si vous préférez le bourgogne, alors choisissez un côtes-de-beaune. Si vous aimez les vins de Loire ou du Centre, ce sera un chinon, un sancerre ou un menetou-salon rouges.

Cette vieille recette traditionnelle de la Provence terrienne est partie intégrante de ma mémoire familiale et gourmande. Ma grand-mère puis ma mère, provençales l'une et l'autre, m'ont appris à préparer ce plat qui ponctuait souvent les dimanches et jours de fête, à côté de la bouillabaisse ou des pieds et paquets. Chaque fois que je le cuisine, c'est une bouffée de jeunesse qui me saute aux narines ! Selon les cas ou la saison, le bœuf sera remplacé par du taureau (en Camargue) ou du sanglier (en période de chasse dans la Haute-Provence).

Œuvres principales : *Le Miroir de Méduse* (1994), *Les Cent plus beaux poèmes de la langue française* (1996), *Les Poètes et le Rire* (1998), *Les Aventures du regard* (1999), *Errance* (2001), *L'Homme fragile* (2002), *Lettre à Claude Erignac* (2003), *La Poésie française contemporaine* (2004).

Katherine Pancol

Après des études littéraires, Katherine Pancol est professeur de français et de latin, puis elle devient journaliste à *Paris Match* et à *Cosmopolitain*. Son premier roman *Moi d'abord* paraît en 1979 et rencontre un grand succès. Elle part ensuite à New York écrire *Scarlett, si possible* et *Les Hommes cruels ne courent pas les rues.* Elle continue aujourd'hui à mener de front ses activités de romancier et de journaliste.

Le gratin dauphinois des enfants

Pour 6 personnes

500 g de pommes de terre

50 g de beurre + 15 g pour le moule

150 g de crème fraîche

25 cl de lait

200 g de gruyère râpé

• Préchauffez le four à 210 °C (th. 7). Beurrez un plat à gratin.

• Tapissez-le de pommes de terre coupées en très, très fines lamelles.

• Recouvrez de beurre, de crème fraîche, de gruyère râpé, salez et poivrez. Recommencez l'opération jusqu'à ce que le plat soit rempli à ras bords. Terminez en saupoudrant de beaucoup de gruyère.

• Versez le lait sur le gratin, et mettez le plat dans le four à 210 °C (th. 7) pendant 45 min.

Les enfants adorent superposer les différents étages du gratin.

Œuvres principales : *Les Hommes cruels ne courent pas les rues* (1990), *Une si belle image* (1994), *Encore une danse* (1998), *J'étais là avant* (1999), *Et monter lentement dans un immense amour...* (2001), *Un homme à distance* (2002), *Embrassez-moi* (2003).

Daniel Picouly

Écrivain d'origine martiniquaise, Daniel Picouly est le onzième d'une famille de treize enfants. Après des études de comptabilité, de gestion et de droit, il entre sur la scène littéraire en 1992 avec la publication de plusieurs romans policiers – *Nec* et *Les Larmes du chef* –, avant de connaître le succès avec sa saga familiale *Le Champ de personne* en 1995 puis *Fort de l'eau* en 1997. En 1999, il obtient le prix Renaudot pour *L'enfant Léopard*.

Risotto au gorgonzola

Pour 6 personnes

500 g de riz carnarolli (riz pour risotto)
1 gros oignon
80 g de beurre
150 g de gorgonzola
50 g de parmesan râpé
1,5 litre de bouillon de volaille (Maggi par exemple)
1 verre de vin blanc sec (chardonnay)
Huile d'olive
Sel, poivre du moulin

• Coupez l'oignon très finement, faites-le suer dans de l'huile d'olive.
• Ajouter le riz et mélangez-le à l'oignon et à l'huile d'olive jusqu'à ce qu'il soit transparent.
• Versez le verre de vin blanc, il va être absorbé par le riz.
• Puis rajoutez le bouillon et un tour de moulin à poivre. Laissez cuire pendant 15 à 18 min à feu assez doux. Le riz va petit à petit se gorger de bouillon.

• Éteignez le feu et rajoutez le gorgonzola coupé en dés, le parmesan et le beurre.

• Couvrez pendant 2 min pour que le beurre, le gorgonzola et le parmesan soient fondus.

• Hors du feu : c'est le moment de *mantecare* : mélanger le tout très vivement avec ce que les Italiens appellent donc le *mantecare*, une cuillère en bois avec un trou au milieu. Il faut que l'ensemble soit bien lié.

• Servez le risotto immédiatement.

Et c'est là que le risotto apparaît comme un plat qui ne cesse « d'évoluer ». Vous le servirez directement du plat de cuisson à l'assiette. Vos amis, qui vont adorer ce plat, vont se resservir et le risotto aura alors un goût et un aspect différent.

Enfin, je vous conseille de servir ce plat avec un petit vin frais.

Œuvres principales : *Le Champ de personne* (1995), *Fort de l'eau* (1997), *Le 13e but* (1998), *La Coupe du monde n'aura pas lieu !* (1998), *L'Enfant léopard* (1999), *Vivement Noël !* (1999), *Paulette et Roger* (2001), *Le Lutteur de sumo* (2001), *Hondo mène l'enquête* (2002), *Lulu Vroumette* (2002), *La Treizième mort du chevalier* (2004), *La Donzelle* (2004).

Patrick Poivre d'Arvor

Patrick Poivre d'Arvor débute sa carrière en 1971 sur France Inter en gagnant le concours « Envoyé spécial ». En 1975, il entre à Antenne 2 et présente son premier journal télévisé le 23 février 1976. Il quitte ensuite le service public pour rejoindre Canal + où il anime *Tous en scène* jusqu'en 1985. Depuis 1987, il est le présentateur du 20 heures de TF1, et directeur délégué de l'information. Patrick Poivre d'Arvor anime également l'émission littéraire *Vol de Nuit* sur TF1. Passionné de littérature, il est l'auteur de nombreux romans, dont *L'Irrésolu* pour lequel il a reçu le prix Interallié en 2000.

Le homard à l'armoricaine

Pour 6 personnes

3 homards de 700 g

1 oignon

1 gousse d'ail

1 poignée de persil haché plat

1 grosse boîte de concentré de tomate

65 g de beurre

5 cuil. à soupe d'huile d'olive

3 verres à liqueur de cognac

50 cl de vin blanc sec

Sel, 1 pincée de poivre

• Hachez finement l'oignon et l'ail et faites-les cuire dans un peu d'eau. Passez-les à la passoire fine.

• Coupez les homards vivants en deux dans le sens de la longueur.

• Faites-les revenir dans une poêle chaude avec le beurre et l'huile d'olive, jusqu'à ce qu'ils deviennent rouges en faisant bien attention que la chair des crustacés ne se colore pas.

• Mettez les morceaux dans un faitout et flambez-les avec 1 verre de cognac.

• Dans la poêle dans laquelle il reste l'huile et le beurre, ajoutez la purée d'oignon et d'ail ainsi que le persil haché et le contenu de la boîte de concentré de tomate. Remuez bien, quand le mélange est bien chaud, versez-le tout dans le faitout.

• Arrosez avec le vin blanc chaud. Salez et poivrez. Laissez mijoter 15 min.

• Mettez le reste du cognac, faites mijotez 10 min.

• Goûtez et rectifiez l'assaisonnement. Ce plat doit être très relevé.

• La cuisson se fait à feu doux dans un faitout couvert.

Cette recette est née au Café Américain, à Paris sur les boulevards. De retour des États-Unis, où il avait longtemps travaillé, le chef du restaurant créa cette recette un soir de géniale improvisation en 1860. Mais à cause de l'enseigne le plat devint le « Homard à l'américaine ».

À l'américaine ou à l'armoricaine ? Le débat agite les amateurs de ce savoureux plat.

Œuvres principales : *Les Enfants de l'aube* (1982), *Lettres à l'absente* (1983), *Elle n'était pas d'ici (1995), Un héros de passage* (1996), *Une trahison amoureuse* (1997), *Petit Homme (1999), L'Irrésolu* (2000), *Un enfant* (2001), *Coureurs des mers* (2003), *J'ai aimé une reine* (2003), *Courriers de nuit* (2003), *Frères et sœur* (2004), *La Mort de Don Juan* (2004).

Yann Queffélec

Né à Paris, Yann Queffélec est le fils du poète et romancier Henri Queffélec. L'océan est sa source d'inspiration, mais sa rencontre à Belle-Île, en 1978, avec Françoise Verny des éditions Grasset constitue un tournant décisif dans sa carrière. En 1983, il publie donc *Le charme noir,* puis *Les noces barbares,* son grand succès, qui lui vaut le prix Goncourt 1885.

Ma côte de bœuf au pied de vigne

Pour 2 personnes (maximum)

Une paire de chaussures de marche
Un barbecue (mot français datant des pirates qui faisaient rôtir des pièces de viande en mer, de la barbe à la queue)
8 sarments de vigne
1 côte de bœuf de Salers de 1,6 kg
5 échalotes (bretonne)
1 cœur de laitue (bretonne)
1/2 bouquet de persil plat (breton)
30 cl d'huile d'arachide
10 cl de vinaigrette
1 moulin à fleur de sel (Guérande)

Premier contact avec la côte. Se rendre à Salers (Cantal), sur la Planèze, et repérer vivant au milieu des fleurs la vache porteuse de la côte à servir. Tendre sur pied, tendre dans l'assiette et sensible aux attentions : telle est la vache de Salers – la sagranière.

La charolaise ou la limousine donnent leur lait à la demande, mais pas la sagranière, et sa viande encore moins. Pour accepter la mulsion, il lui faut d'abord humer l'odeur de son veau. Et s'il est déjà parti en boucherie, on lui donne à respirer un carré de peau conservé en prévision. Avant de perdre sa côte, qui deviendra côte de bœuf en cuisine, il lui faut croiser le regard de son futur mangeur. C'est bien le moins. La qualité de la viande en dépend.

La côte prélevée ne fera pas moins de 1,6 kg. On la servira bleu-chaud.

• Brûlez sur les braises quelques sarments de vigne, enfumez la côte pendant 1 min et réservez-la.
• Faites chauffer sur braises, sans matière grasse, une poêle anti-adhésive. Posez-y la côte de bœuf et saisissez-la 3 min sur chaque face.
• Retirez ensuite la côte et placez-la sur une grille, en hauteur, pendant 30 min, et retournez-la régulièrement.
• Disposez-la dans un plat, parsemez-la d'échalotes et de persil hachés. Arrosez-la d'huile d'arachide.
• Recouvrez-la de papier aluminium et laissez-la reposer 10 min.
• Tranchez la côte de bœuf (équitablement), et arrosez-la de jus de viande ; servez avec le cœur de laitue assaisonné de vinaigrette.
Avec la viande rouge, une bonne bouteille de cornas.

Mais où le machisme va-t-il se nicher ? On dirait côte de vache et non côte de bœuf, on n'aurait plus faim. Or, c'est la vache qui fournit sa côte à la poésie de ce haut moment gastronomique.

Ce plat, facile à réaliser, demande un bon week-end de préparation et une fenêtre météo plaisante.

Mettons-nous d'accord : il s'agit moins de griller la côte, ou de la rôtir, que de la détendre au chaud après en avoir saisi les deux faces.

Œuvres principales : *Le Charme noir* (1983), *Les Noces Barbares* (1985), *La Femme sous l'horizon* (1988), *Le Maître des chimères* (1990), *Prends garde au loup* (1992), *Disparue dans la nuit* (1994), *Et la force d'aimer* (1996), *Happy birthday Sara* (1998), *Osmose* (2000), *Boris après l'amour* (2002), *La Mer* (2002), *Moi et Toi* (2004).

Patrick Rambaud

Patrick Rambaud est né à Paris. Il est l'auteur d'une trentaine de romans. *La Bataille*, roman paru en 1997, reçoit le prix Goncourt et le Grand prix du roman de l'Académie française. *Il neigeait* et *L'Absent* constituent les deux autres volumes de sa trilogie impériale.

La salade de bœuf

Dans les années soixante, il y avait à Paris un restaurant très particulier, Le Bœuf à la ficelle, au pied de la colline Montmartre. On n'y mangeait que du bœuf à la ficelle. En hors d'œuvre, le patron vous proposait sa salade de bœuf dans des grands bocaux en verre : il savait utiliser les restes avec imagination. Et puis ce restaurant a disparu. Pendant des années, j'ai essayé de recomposer cette fameuse salade. Je crois y être parvenu.

Vous avez fait un pot-au-feu et il vous reste de la viande. Choisissez le gîte qui se découpe facilement en lamelles (le plat de côte, vous pourrez le hacher dans une farce). Maintenant écoutez bien : tout est affaire d'alliance entre les goûts et les consistances. Coupez en rondelles des oignons blancs, des tiges de céleri, du fenouil, tout cela d'une même épaisseur et d'un même craquant, en égale quantité. Évitez le persil ou les feuilles de céleri qui se corrompent vite. Mélangez simplement avec les lamelles de viande dans un saladier, versez une huile neutre pour enrober et poivrez, poivrez, poivrez sans hésiter, ne soyez pas avare sur les tours de moulin : la salade doit picoter la langue. Laisser reposer.

C'est tout.

Œuvres principales : *Fric-Frac* (1984), *La Mort d'un ministre* (1985), *1848* (1994), *La Bataille* (1997), *Les Aventures de mai* (1998), *Il neigeait* (2000), *Bernard Pivot* (2001), *Comme des rats* (2002), *L'Absent* (2003).

Vincent Ravalec

Vincent Ravalec exerce divers métiers dont assistant réalisateur et régisseur au cinéma. Il se met à l'écriture au début des années 1990. La parution de son premier texte *Un pur moment de rock'n roll* connaît un véritable succès. En 1998, *Cantique de la racaille* reçoit le prix de Flore, devient un best-seller et un long métrage réalisé par l'auteur en 1998.

Recette de pommes de terre n° 8 : fraises au feu

Pour 2 personnes

2 fraises

5 pommes de terre

1 pomme

2 oignons

8 pruneaux dénoyautés

1 citron non traité (zeste)

4 tranches de jambon cru

Huile d'olive

Sel, poivre

- Dans un plat à tagine en terre mettez 2 fraises.
- Ajoutez un (gros) éventail de pommes de terre coupées en tranches fines, 3 quartiers de pomme, les oignons coupés en tranches que l'on aura fait rissoler auparavant, quelques pruneaux dénoyautés et un zeste de citron.

• Salez, poivrez et inondez d'huile d'olive.
• Mettez au feu dans un four chaud, lorsque l'ensemble commence à être cuit ajoutez-y les tranches de jambons crus. Laissez cuire encore quelques minutes.
• Puis dégustez avec du bon pain, un fromage de chèvre et un petit vin de pays.

Œuvres principales : *L'Auteur* (1995), *Cantique de la racaille* (1998), *Treize contes étranges* (1999), *Les Souris ont parfois du mal à gravir la montagne* (2000), *Nouvelles du monde entier* (2003), *Une orange roulant sur le sol d'un parking* (2004), *Bois sacré* (2004).

Jean-Marc Roberts

Jean-Marc Roberts est né à Paris. Son premier livre publié en 1972 *Samedi, dimanche et fêtes* reçoit le prix Fénéon. Également éditeur, il débute en 1974 chez René Julliard. En 1977, il entre au Seuil. Mais c'est chez Fayard où il est arrivé en 1994, qu'il crée sa fameuse collection « Série bleue ». Quand, en 1998, Jean-Marc Roberts part chez Stock, sa « Série bleue » le suit.

L'escalope viennoise

Pour 4 personnes

4 escalopes de veau extrêmement fines
2 œufs
1 citron
1 bouquet de persil plat
200 g de farine
200 g de chapelure
25 cl d'huile
Sel

• Passez successivement chaque escalope dans la farine, dans l'œuf battu, puis dans la chapelure.
• Faites chauffer l'huile dans une poêle et mettez à cuire les escalopes panées pendant 3 à 4 min sur chacune des faces. Salez.
• Quand les escalopes sont dorées, servez-les avec des rondelles de citron et des brins de persil.

Vous allez trouver cette recette très simple, et pourtant, si les escalopes sont trop épaisses la recette sera ratée. Il faut donc un très bon boucher.

À Vienne, la garniture classique sont les pommes de terre sautées avec une rondelle d'orange, et de la salade verte.

Œuvres principales : *Samedi, Dimanche et Fêtes* (1972), *Les Petits Verlaine* (1973), *Baudelaire et les Voleurs* (1974), *Le Sommeil agité* (1977), *Les Enfants de fortun* (1978), *L'Ami de Vincent* (1982), *Portrait craché* (1983), *L'Angoisse du tigre* (1990), *Monsieur Pinocchio* (1991), *Les Seins de Blanche-Neige* (1994), *Affaires personnelles* (1996), *Mon père américain* (1996), *Méchant* (1987), *Affaires étrangères* (1977), *Une petite femme* (1998), *Un début d'explication* (2000), *Toilette de chat* (2002).

Marie Rouanet

Marie Rouanet est née à Béziers. D'abord institutrice, elle enseigne les lettres et défend la langue d'Oc avec volonté. Auteur de nombreux romans et nouvelles, elle mélange les sensations à l'intelligence pour créer un univers riche et poétique. Elle écrit également des paroles de chansons.

Petits chèvres frits aux pignons, pascadettes, sardines farcies

Il fait si chaud qu'à midi nous n'avons pas eu faim. Aussi vous ai-je envoyé un mot : « Je vous attends à la fraîche… ». La fraîche, cette heure où se desserre l'étau ardent du jour, où, timide d'abord, puis de plus en plus hardie, arrive la faim. Sous les chênes, une grande table est installée, nappée de toiles blanches. Il y brille des bouquets de vipérines et les têtes écarlates des orchidées des bois, au milieu des ombelles crémières de la grande berce.

Pour sûr, les plats sont en faïence, les verres en verre, les couteaux en métal et les serviettes en coton. Cœurs de sucrine à la croque au sel, petits chèvres frits aux pignons, pascadettes, sardines farcies et une montagne de fraises non équeutées, rouge à miracle.

Un pain croustillant. C'est le menu de ce soir. Vous convient-il ?

Sur une table ronde sont installés les vins. Vin de voile et Ondenc de chez Plageolles à Gaillac. Picpoul-de-Pinet du Gaujal exclusivement, l'étonnant Lledoner Pelut de la Colombette, à Béziers, du rosé de la même Colombette. Et la blanquette, méthode ancestrale, à servir à la nuit tombée.

Les chèvres ont été choisis demi-secs afin qu'ils ne s'étalent pas en crème à la cuisson. Pour faire tenir les oignons en place il a suffi de les enfoncer un peu dans la pâte et de les cuire vivement dans l'huile bien chaude.

Pour les pascadettes, petites crêpes épaisses d'un demi centimètre environ, pas plus grandes qu'une assiette à dessert, il n'a fallu que mêler farine, œufs, lait, d'assaisonner, d'obtenir une pâte consistante : elle doit couler de la louche à la poêle en un ruban nonchalant. Les proportions ? Il y a longtemps que je n'utilise plus que ma main et mon œil. Mais je vais faire un effort.

1 œuf pour 2 cuil. de farine. C'est tout. Sel, poivre, ail, persil, c'est selon chacun. Puis j'ai garni cette base de pâte une fois de lardons, puis de basilic, puis de tomates concassées, et encore d'aubergines en petits carrés, l'imagination fut bienvenue.

Quel dommage que vous n'ayez pas vu la sardine avant qu'elle ne soit cuisinée. Son bleu enchante l'œil. Il tient du martin-pêcheur, du papillon morpho et du paon. Elle était ce matin raide de fraîcheur, sans aucune trace de sang au bord des ouies. J'ai tranché la tête de la marque du cou en évitant de sectionner les viscères qui viennent avec la tête. D'un couteau bien affûté j'ai incisé dans le dos tout au long de l'arête centrale afin de l'ôter. J'ai eu en main alors, un petit triangle isocèle dont le sommet s'orne de l'éventail de la queue. Bien sûr je n'ai pas lavé la sardine. On ne dira jamais assez le mal causé à la chair du poisson par des lavages intempestifs.

Quand les triangles sont disposés, peau dessous, queues tournées vers le centre on admire que la sardine ainsi ouverte garnisse sans vides la rondeur du plat en cercles, concentriques, comme si, de toute éternité, elle avait été créée pour être farcie.

La farce fut préparée avec du pain de tourte, des œufs, de l'ail, du persil, une tomate écrasée, et un peu de chair à saucisse. Des proportions ? Encore ? Vous me tuez. Disons, 2 œufs, 2 tomates, 150 g de chair à saucisse, 2 grosses pleines main de pain trempé et essoré ouf ! Tout le reste, à volonté. La farce a été posée sur les triangles. Ce fut cuit à four vif et bien surveillé. Il fallait obtenir ce doré que vous voyez et ne pas dessécher l'ensemble.

J'en ai fait beaucoup. Elles sont encore tièdes. Ma mère disait : s'il en reste, nous les mangerons avec une salade. Tout le monde riait. Nous savions qu'il n'en restait jamais.

Elle sera là, ma mère, dans le soir d'été. Toujours une pourvoyeuse fantomatique, venue de l'enfance se promène dans nos plaisirs de bouche.

La nuit descendra sur nos corps contents de nos cœurs tremblants accordés au violon délicat des grillons d'Italie. Le temps peut-être, s'arrêtera de couler.

Œuvres principales : *Je ne dois pas toucher les choses du jardin* (1999), *Dans la douce chair des villes* (2000), *Du côté des hommes* (2001), *Enfantine* (2002), *Nouvelles* (2003), *Célébration de l'amour* (2003), *Année blanche* (2003), *L'Animatrice* (2004).

Jean-Marie Rouart

de l'Académie française

Jean-Marie Rouart est né à Neuilly-sur-Seine. Son premier roman, *La Fuite en Pologne,* est bientôt suivi des *Feux du pouvoir*, roman qui lui vaut le prix Interallié 1977. En 1983, *Avant-guerre* est couronné par le prix Renaudot. Parallèlement à son activité d'écrivain, il mène une carrière de journaliste au *Magazine littéraire* en 1967, puis au *Figaro* comme journaliste politique et au *Quotidien de Paris* où il dirige les pages littéraires. En 1986, il devient directeur du *Figaro littéraire*. En 1997, Jean-Marie Rouart est élu à l'Académie française et depuis 2003, il réalise les grands entretiens pour *Paris Match*.

La tarte au citron meringuée

Pour 6 personnes

200 g de pâte sablée « pur beurre »

3 citrons non traités

3 œufs

30 g de beurre + 15 g pour le moule

150 g de sucre en poudre

Pour la meringue :

3 blancs d'œufs

150 g de sucre roux en poudre

- Préchauffez le four à 120 °C (th. 4).
- Étalez la pâte sablée dans un moule à tarte beurré.
- Faites-la cuire à blanc pendant 15 min dans un four à 120 °C (th. 4) en prenant soin de piquer la pâte avant la cuisson.

• Prélevez les zestes des citrons en les râpant puis pressez-les pour récupérer le jus.
• Dans une casserole, versez le jus des citrons, les zestes, les œufs battus et le sucre. Faites cuire à feu doux en incorporant peu à peu le beurre en morceaux. Retirez du feu quand le beurre est totalement fondu.
• Versez la préparation sur la pâte et remettez la tarte au four pendant 15 min à 140 °C (th. 4-5).
• Pendant ce temps, montez les blancs en neige en ajoutant le sucre peu à peu. Battez pendant au moins 5 min afin que les blancs soient bien fermes.
• Versez la préparation de meringue délicatement sur la tarte et passez-la sous le gril du four.
• Laissez refroidir avant de servir.

Cette recette toute simple et très facile à réaliser reste un dessert élégant apprécié de tous. Je crois ne pas connaître de réfractaire à la tarte au citron.

J'adore par-dessus tout terminer un repas par cette note sucrée.

Œuvres principales : *La Fuite en Pologne* (1974), *Les Feux du pouvoir* (1977), *Le Mythomane* (1980), *Avant-guerre* (1983), *Ils ont choisi la nuit* (1985, prix de l'essai de l'Académie française), *La Femme de proie* (1989), *Le Goût du malheur* (1993), *Omar, la construction d'un coupable* (1994), *La Noblesse des vaincus* (1998), *Bernis, le cardinal des plaisirs* (1998), *Une jeunesse à l'ombre de la lumière* (2000), *Une famille dans l'impressionnisme* (2001), *Nous ne savons pas aimer* (2002), *Adieu à la France qui s'en va* (2003).

Jean-Christophe Rufin

Diplômé de l'Institut d'études politiques, médecin et écrivain, Jean-Christophe Rufin devient conseillé du secrétaire d'État aux droits de l'homme en 1986. Puis il est vice-président de Médecins sans frontières de 1991 à 1993. En 1999, le roman *Les Causes perdues*, inspiré de sa mission humanitaire en Éthiopie, remporte le prix Interallié. En 2001, il reçoit le prix Goncourt pour son livre *Rouge Brésil*. Jean-Christophe Rufin est actuellement maître de conférences à l'Institut d'études politiques de Paris et président d'Action contre la faim.

Le pudding à l'orange

Pour 6 personnes

6 œufs
1 tasse à thé de jus d'orange
1 cuil. à soupe de zeste râpé d'orange non traitée
2 cuil. à soupe de farine de blé
2 tasses à thé de sucre en poudre
2 morceaux de sucre

• Mettez les œufs, le sucre en poudre, la farine, le jus d'orange et le zeste d'orange dans un mixeur : mixez quelques minutes.
• Dans une petite casserole, faites fondre les morceaux de sucre avec un peu d'eau.
• Quand le sucre devient blond, versez-le sur les parois d'un moule à pudding ou si vous préférez un moule à baba.
• Versez ensuite votre préparation dans le moule.

• Préparez un bain-marie, déposez le moule dans le bain-marie. Mettez le tout dans un four préalablement chauffé pour environ 45 min.
• Laissez refroidir.

Ce dessert brésilien fut mon compagnon pendant un an lors de mon séjour à Recife, pas quotidiennement mais presque ! Très sucré comme tous les desserts brésiliens, donc attention aux calories. Je vous conseille un petit verre de cacha pour accompagner cette gourmandise.

Œuvres principales : *La Dictature libérale* (1994), *L'Abyssin* (1997), *Sauver Ispahan* (1998), *Les Causes perdues* (1999), *'Empire et les nouveaux barbares* (2001), *Rouge Brésil* (2001), *Globalia* (2004).

Gonzague Saint-Bris

Écrivain, historien et journaliste, Gonzague Saint-Bris est l'auteur de vingt-cinq livres, dont le roman *Les Vieillards de Brighton* qui a reçu le prix Interallié 2002. Il s'est toujours intéressé à la relation entre les auteurs et la gastronomie, publiant tour à tour *Le Bel Appétit de monsieur de Balzac*, avec des recettes de Jean Bardet, *La Grande vie d'Alexandre Dumas*, avec des recettes d'Alain Ducasse et *L'Éducation gourmande de Gustave Flaubert*, avec des recettes du chef normand Éric Féchon.

Beurre de goret à la Balzac

Pour 4 personnes

100 g de rillettes
8 œufs très frais
8 branches de céleri
8 brins de persil plat
Sel fin

- Divisez les rillettes en 4 parts égales.
- Déposez les petits tas de rillettes dans une poêle très chaude sans matière grasse.
- Parsemez du persil et du céleri finement hachés.
- Cassez les œufs dessus et laissez cuire comme pour des œufs au plat.
- Salez légèrement.

• Les rillettes formeront des croûtes que vous glisserez dans les assiettes, accompagnées de tartines de pain de campagne grillées si vous avez très faim.

Ce plat est un plat de résistance à lui tout seul. Accompagné d'un verre de vin blanc de vouvray Moncontour, justement cette propriété que Balzac rêvait de se faire offrir par son égérie littéraire Eva Anska.

« Je n'avais jamais eu le bonheur de voir étendre pour moi cette brune confiture sur une tartine de pain ». *Le Lys dans la vallée*.

Œuvres principales : *Le Sacre* (1990), *Je vous aime inconnue* (1999), *Les Vingt ans de l'Aiglon* (2000), *Desaix* (2000), *La Grande vie d'Alexandre Dumas* (2001), *Les Vieillards de Brighton* (2002), *Les Princes du romantisme* (2003), *Sur les pas de George Sand* (2004).

Christian Signol

Après des études universitaires de lettres et de droit, Christian Signol débute comme rédacteur administrateur à la mairie de Brive-la-Gaillarde. Son premier roman *Les Cailloux bleus* est publié en 1984. France 2 achète les droits de *La Rivière Espérance* qui deviendra une série télévisée de neuf épisodes regardée par plus de sept millions de téléspectateurs à chaque épisode. Cette trilogie est devenue un véritable phénomène d'édition des dix dernières années avec plus de deux millions d'exemplaires vendus depuis sa sortie.

Confit de canard
aux pommes sarladaises

Pour 4 personnes

1 boîte de confit de canard de 500 g

1 kg de pommes de terre

1 gousse d'ail

1 bouquet de persil

Sel, poivre

• Enlevez la graisse qui maintient les confits moelleux, et gardez-la pour la cuisson des pommes de terre.

• Épluchez et coupez les pommes de terre en lamelles très fines et essuyez-les bien avec un torchon.

• Faites-les rissoler 15 min de chaque côté dans la graisse des confits avec la gousse d'ail écrasée.

• Ajoutez le persil haché. Salez très légèrement et poivrez.

• Réchauffez pendant 15 min les cuisses de canard confites côté peau, à feu doux, dans une poêle.
• Servez chaud avec les pommes de terre.

Classique. De ma région. Une valeur sûre dont je ne me lasse pas. Dans le Nord, on dira que ce plat du Sud-Ouest est « un peu gras ». Que nenni, c'est un plat riche et sain, écoutez plutôt comme moi, votre appétit.

Œuvres principales : *La Rivière Espérance* (trilogie 1990-1993), *Les Noëls blancs* (2000), *Les Printemps de ce monde* (2001), *Une année de neige* (2002), *Cette vie ou celle d'après* (2003), *La Grande Île* (2004).

Yves Simon

Yves Simon a grandi dans la région de Nancy. Il commence par être compositeur de chansons en 1967. Après un tour d'Europe suivi d'un voyage aux États-Unis, il publie chez Grasset *Les Jours en couleurs*, puis *L'Homme arc-en-ciel* en 1971. Deux ans plus tard, il reçoit le Grand prix de l'Académie du disque pour son album *Au pays des merveilles de Juliette.* Il réalise en 1974 la bande originale de *Diabolo Menthe,* film qui a remporté l'énorme succès dont on se souvient. Musique, littérature, politique... le nom d'Yves Simon est associé à de nombreux évènements. Ses amitiés ont toujours été fortes et parfois prestigieuses, de Simone Signoret à Serge Gainsbourg, en passant par François Mitterrand.

La tarte alsacienne d'Yves Simon

Pour 4 personnes

300 g de cerises
250 g de farine
125 g de margarine végétale
1 œuf
1/2 verre de lait
1/2 verre d'eau
2 cuil. à soupe de sucre en poudre
1 pincée de sel

• Préchauffez le four à 210 °C (th. 7).
• Diluez la pincée de sel dans le demi-verre d'eau.
• Mettez la farine sur une planche. Coupez la margarine en fines lamelles. Mélangez-le tout à la main. Ajoutez ensuite le verre d'eau salée.

• Malaxez jusqu'à l'obtention d'une pâte prête à être étalée. Si la pâte ne vous semble pas assez solide rajoutez un peu de farine.
• Étendez la pâte avec un rouleau à pâtisserie (ou une bouteille en verre vide).
• Déposez la pâte dans un moule à tarte. Piquez la pâte.
• Lavez les cerises, puis séchez-les. Surtout ne pas les dénoyauter. Cette recette n'est donc pas pour les petits enfants.
• Posez alors délicatement les cerises sur la pâte.
• Mettez le plat dans le four à 240 °C (th. 8) pendant 20 à 25 min.
• Pendant la cuisson : mettez dans un bol l'œuf, le sucre en poudre et le lait écrémé ou entier comme vous le souhaitez. Mélangez le tout.
• À mi-cuisson, sortez la tarte, versez dessus « le battu » et remettez-la dans le four jusqu'à la fin de la cuisson c'est-à-dire quand le battu est doré.
• Servez tiède.

Difficile d'obtenir la recette de cette tarte que ma maman m'apporte encore à Paris quand elle vient me voir. Je lui ai dédié mon livre « L'Amour dans l'âme » (1978) justement pour ses tartes aux cerises. Vous avez donc un véritable secret de mère à son fils. Je sais la faire, mais pas aussi bien que ma maman bien entendu, mais si j'y arrive, vous devriez y arriver aussi.

Œuvres principales : *Les Jours en couleurs* (1971), *L'Homme arc-en-ciel* (1971), *l'Amour dans l'âme* (1978), *Le Voyageur magnifique* (1987, prix des Libraires 1988), *La Dérive des sentiments* (prix Médicis 1991), *Le Prochain amour* (1996), *Un instant de bonheur* (1998), *La Voix perdue des hommes* (2001), *La Manufacture des rêves* (récit, 2003), *Les Éternelles* (2004).

Gilbert Sinoué

Né au Caire en 1947, Gilbert Sinoué a écrit des chansons pour Isabelle Aubret, Claude François et Dalida avant de se consacrer au roman. Il est l'auteur d'un conte écologique *À mon fils*, de biographies *L'Ambassadrice* (sur Lady Hamilton) et de plusieurs romans historiques.

Gilbert Sinoué est un passionné de religions, tous ses romans portent sur l'éternel questionnement de la présence de Dieu et le sens de la vie.

La kébbé de Sinoué

Pour 4 personnes

800 g de viande hachée (bœuf ou agneau)
3 oignons
3 cuil. à soupe de pignons
2 verres de boulghour (blé concassé)
30 g de beurre
2 cuil. à soupe d'huile d'olive
Sel, poivre

- Préchauffez le four à 210 °C (th. 7).
- Prenez 300 g de viande hachée et passez-les au mixeur.
- Ajoutez-y un oignon. Mixez à nouveau.
- Faites revenir le tout avec les pignons. Salez et poivrez. Puis mettez de côté.
- Laissez tremper quelques minutes le boulghour dans de l'eau froide.
- Mixez les 500 g de viande hachée qui vous restent avec les 2 oignons restants. Salez et poivrez.
- Ajoutez le blé concassé.

• Huilez les côtés et le fond d'un plat allant au four.

• Faites 2 tas égaux avec les 500 g de mélange viande-boulghour et étalez-en un en une fine couche sur toute la surface du plat.

• Étendez par-dessus les 300 g de viande et de pignons que vous avez fait revenir.

• Étalez par-dessus cette farce le 2e tas de mélange viande-boulghour (je vous conseille d'avoir les mains mouillées pour étaler la farce plus facilement).

• Avec la pointe d'un couteau, tracez tout le long de la surface des losanges, c'est décoratif et très pratique pour découper des portions. Du bout de l'index, creusez 4 godets aux angles et un autre au milieu. Déposez-y un dé de beurre.

• Mettez le plat au four à 180 °C (th. 6). Laissez cuire 20 min environ. Il faut que la viande soit bien dorée.

C'est un plat quasi national que je mangeais pratiquement tous les dimanches étant enfant. Un plat typique égyptien. Et j'avoue que j'en suis dingue. Depuis que ma femme a appris à le faire, nous en mangeons régulièrement.

Œuvres principales : *La Fille du Nil* (1993), *L'Égyptienne* (1993), *Le Livre de Saphir* (1996), *Le Pourpre et l'olivier ou Calixte 1er le pape oublié* (1997), *L'Enfant de Bruges* (1999), *Des jours et des nuits* (2001), *Les Silences de Dieu* (2003), *Akhénaton* (2004).

Didier van Cauwelaert

Didier van Cauwelaert décide d'écrire à huit ans pour subvenir aux besoins de sa famille. Il manque d'abandonner cette vocation lorsque ses romans sont refusés par les éditeurs. Sa première publication se fait dans le « courrier des lecteurs » du magazine *Télé 7 jours*. Il lui faudra attendre 1994 pour voir ses efforts récompensés et son roman *Un aller simple* couronné par le prix Goncourt 1994. Une dizaine d'années plus tôt, il avait déjà reçu le prix Roger Nimier pour *Poisson d'amour* et le prix Gutenberg pour *Les vacances du fantôme*. Avec son adaptation de la nouvelle de Marcel Aymé *Le Passe-Muraille* au théâtre, Didier van Cauwelaert a obtenu le Molière 1997 du meilleur spectacle musical ainsi que le Grand prix du théâtre de l'Académie française.

Beignets de fleurs de courgettes

C'est une recette simple et très facilement ratable : si les fleurs ne sont pas toutes fraîches, elles se déchirent. Le mieux est de prendre des courgettes de Nice, qui ne voyagent qu'enveloppées dans un journal humide. Évitez le papier recyclé et les gros titres.

Pour 4 personnes

4 courgettes de Nice
50 g de farine
1/2 verre d'eau
1 cube de glace pilée
Huile d'arachide
Sel

• Versez 50 g de farine dans un saladier, versez de l'eau tiède, délayez avec une fourchette, ajoutez 1 cube de glace pilée, laissez reposer 10 min.
• Lavez les courgettes, essuyez-les, ôtez les pistils, coupez les fleurs en trois dans la longueur, trempez-les dans la pâte à beignets, plongez-les dans l'huile d'arachide chaude, pas plus de 2 min.
• Retirez-les à l'écumoire, posez-les sur un papier absorbant. Salez si vous le souhaitez.

En cas de réussite, c'est une sculpture florale aussi légère qu'euphorisante.
En cas de ratage, faites un gratin de courgettes.

Œuvres principales : *Poisson d'amour* (1984), *Un aller simple* (1994), *La Vie interdite* (1996), *Corps étranger* (1998), *La Demi-pensionnaire* (1999), *L'Éducation d'une fée* (2000), *L'Apparition* (2001), *Rencontre sous X* (2002), *Hors de moi* (2003), *L'Évangile de Jimmy* (2004).

Voutch

Né à Paris, Voutch passe son enfance et son adolescence dans les Vosges. Il se lance dans le dessin humoristique en 1995 et publie rapidement ses premiers dessins dans *Lui*, *Télérama*, *Lire*, *Le Point*, *Playboy*, *Psychologies* et *Madame Figaro*. En 1998, il publie son premier recueil de dessins d'humour *Tout s'arrange, même mal.*

Les champignons de Paris au grilauvent

Avertissement : la présence d'un grilauvent est absolument indispensable à la réussite de cette recette.

Pour 4 personnes

1 grilauvent en bon état de fonctionnement (voir plus haut)

500 g de champignons de Paris, plutôt des gros, bien charnus et bien blancs

20 piques en bois (genre cure-dents géants) les plus grandes possibles, 30 cm, c'est l'idéal

10 cl d'huile de sésame (chez les épiciers chinois)

Sel, poivre

- Allumez le grilauvent (voir plus haut).
- Nettoyez les champignons de Paris. Coupez les pieds à ras du chapeau.
- Empalez-les sans les fendre sur les piques à raison de 3 ou 4 par piques.
- Laissez au moins 10 cm de pique libre pour la manipulation.
- Assurez-vous de la bonne température du grilauvent.
- Jetez les pieds coupés à la poubelle, ça sera toujours ça de moins à faire après.
- Regardez avec attention le dessous des champignons. Attention, ça va devenir un peu technique : si l'anneau du pied est détaché du chapeau et qu'on voit les spores, tout va bien. Si l'anneau fait encore bloc avec le chapeau (c'est souvent le cas quand le champignon est très frais), donnez quelques petits coups de couteau le long du pied.

• Posez vos piques sur la grille du grilauvent, chapeau rond vers la braise. Mettez 7 ou 8 belles gouttes d'huile de sésame sur les spores. Salez, poivrez, et au bout d'un certain temps (dépendant en grande partie de la chaleur initiale de votre grilauvent), retournez les piques, rehuilez de sésame, repoivrez et resalez.

J'ai oublié de dire que c'était une entrée. J'espère que vous aviez prévu autre chose pour après.

P. S. Bête et discipliné : Quand on tape « barbecue » sur Word, ça se souligne en rouge et , après enquête, on découvre que : a) c'est un anglicisme b) le *Journal officiel* suggère plutôt d'employer « grilauvent » (et aussi « braisier » mais boerk !).

Personnellement, j'ai trouvé ça joli « grilauvent », je me suis dit que ça allait sophistiquer ma recette. Lui donner une rareté, un cachet (barbecue, c'est pas la grande classe, vous êtes d'accord). Pire. Que ça pouvait même – sait-on jamais ? – rejaillir inopinément sur mes ventes d'albums en librairie (ce dernier argument emportant mes ultimes hésitations).

Et puis si on ne fait pas ce que dit le *Journal officiel*, ça ne sert à rien qu'il se donne autant de mal, le *Journal officiel*, pour trouver des mots très jolis (et parfois un peu abscons, faut reconnaître, mais bon : *nobody's perfect*, comme on ne dit absolument jamais sous peine de licenciement immédiat pour faute grave dans les couloirs du *Journal officiel*).

Au moins, aujourd'hui, vous avez appris quelque chose, c'est pas si mal (j'allais dire fréquent, mais je me suis dégonflé). Pour les réclamations éventuelles, vous voyez ça en direct avec Bill (le petit rouquin giga riche) et/ou le « Journal officiel » parce que moi, voyez-vous, ça commence à bien faire cette histoire de bouquin de recettes, j'ai un dessin sur le grilauvent.

Œuvres principales : *Le Roi de la grande savane* (1998), *La Planète bizarre* (1999), *Le Pire n'est même pas certain* (1999), *Le Grand tourbillon de la vie* (2000), *Pourquôôââ* (2000), *Personne n'est pas tout blanc* (2002), *Agenda 2004 Voutch, le monde du travail* (2003).

Bernard Werber

Bernard Werber est né à Toulouse. Après le bac, il commence l'écriture des *Fourmis* qui sera publié en 1991. Entre-temps, Bernard Werber a fait des études de droit à Toulouse, de criminologue et de journalisme à Paris. C'est ainsi qu'il devient journaliste scientifique pendant sept ans au *Nouvel observateur*. Bernard Werber se consacre aujourd'hui à l'écriture.

Délicats sushis de coquilles Saint-Jacques, œufs de saumon et thon gras

Pour 4 personnes

4 coquilles Saint-Jacques coupées en lamelles
1 tranche épaisse de thon gras coupée en lamelles
100 g d'œufs de saumon
2 cuil. à soupe de *wasabi* (raifort japonais)
1 cuil. à soupe de *gari* (gingembre mariné)
250 g de riz à grain court
1 petit bol de sauce soja
6 cuil. à soupe de vinaigre de riz
5 cuil. à soupe de sucre en poudre
4 cuil. à café de sel

Pour le riz

- Lavez le riz à l'eau froide et laissez-le égoutter pendant 1 h.
- Mettez le riz dans une casserole et versez dessus 1 litre d'eau, portez à ébullition, couvrez et laissez cuire à feu vif pendant 2 min.
- Réduisez le feu au minimum et continuez la cuisson pendant 20 min.
- Laissez enfin reposer le riz hors du feu pendant 15 min.
- Dans une petite casserole à fond épais, mettez le vinaigre de riz, le sucre

et le sel. Faites chauffer quelques secondes pour faire dissoudre le sucre.
• Versez doucement le mélange sur le riz cuit et encore chaud, mélangez bien et détachez les grains à l'aide de baguettes.

Votre riz est maintenant prêt. Bon si vous avez une « rizeuse » la préparation sera différente car elle se fera à la vapeur. L'essentiel étant que le riz soit vinaigré.

Pour les sushis

Le sushi se présente sous la forme d'une boule de riz aplatie sur laquelle on dépose un morceau de poisson cru. Bon maintenant que l'on a dit cela, il va falloir faire vite, car la durée de vie d'un sushi est de trois minutes !

Il suffit donc de faire une boulette de riz vinaigré que l'on dépose dans le creux de la main. La taille du sushi dépend donc de la taille de la main du cuisinier. Posez le poisson en lamelles sur la boulette de riz et moulez doucement le poisson sur le riz en aplatissant le tout. Déposez sur un plat. C'est aussi simple que cela. Une portion comprend environ 9 sushis.

N'oubliez pas : tout est dans la fraîcheur du poisson.

Servez avec un petit bol de sauce soja, quelques tranches de gingembre mariné et une rosace de *wasabi*. Accompagnez d'un verre de vouvray ou d'un thé vert.

Autant vous le dire tout de suite, les sushis ne se font pas à l'avance. Le poisson doit être excessivement frais, sans peau, sans arêtes et tranché en fines lamelles. Je vous conseille donc d'avoir un très bon couteau ou un très bon poissonnier. Je vous avoue que je mange des sushis tous les jours.

Œuvres principales : *Les Fourmis* (1991), *Les Thanatonautes* (1994), *Le Jour des fourmis* (1995), *La Révolution des fourmis* (1996), *Le Père de nos pères* (1998), *L'Empire des anges* (2000), *L'Ultime secret* (2001), *Nos amis les humains* (2003), *Nous les Dieux* (2004).

Remerciements

Je tiens à remercier en premier lieu tous les auteurs qui m'ont fait confiance, et qui ont chacun accepté de me livrer un secret aussi savoureux que ces recettes de cuisine.

Je remercie de tout cœur Régine Billot pour son soutien constant.

Mes remerciements vont également à Suzanne Jamet, Soizic Molkhou, Valérie Taillefer, Sylvie Da Silva, Pascale Richard, Élisabeth Franck, Catherine Broders, Aline Gurdiel, Élodie Deglaire, Anne de Cazanove, Anne Procureur, Catherine Bourgey, Anne-Marie Lenfant, Hélène de Saint-Hyppolite, Joëlle Faure pour leurs précieuses informations qui ont été indispensables à la réalisation de ce livre. Un grand merci à Priscille Lepic pour ses judicieux conseils.

Ce livre n'existerait pas si ma mère ne m'avait transmis sa passion de la cuisine. Quand à mon père, je lui fais officiellement la demande de sa recette de gâteau au chocolat. Je sais qu'à ce jour personne ne la connaît, mais vu que je suis l'aînée de ses filles, je pense que j'y ai droit ! Merci d'avance.

Enfin et non des moindres, Laure Paoli, merci du fond du cœur pour m'avoir orientée, sans jamais rien imposer. Pour m'avoir supportée tout au long du chemin avec patience et tant de gentillesse.

Index des recettes

Index des auteurs

Conception graphique et réalisation : Sophie Zagradsky

Imprimé et relié en France par Pollina, Luçon.

Éditions Albin Michel
22, rue Huyghens 75014 Paris
www.albin-michel.fr

ISBN : 2-226-15552-X
N° d'édition : 22812
N° d'impression : L94771
Dépôt légal : novembre 2004